Introduction to
Programming and Algorithms
Using **Python**

Akimasa MORIHATA
森畑明昌 著

Pythonによる
プログラミング入門
東京大学教養学部テキスト

アルゴリズムと情報科学の基礎を学ぶ

Introduction to Programming and Algorithms Using Python

Akimasa MORIHATA

University of Tokyo Press, 2019
ISBN978-4-13-062458-9

まえがき

　本書は、プログラミングの基本を習得するとともに、プログラミングを通して情報科学の基礎を学ぶための教科書として執筆した。現代において情報科学の基礎は必須の教養となっているが、これを学ぶ際にはプログラミングを併せて学ぶことが強く望まれる。本書で学ぶような計算量や数値誤差といった内容は、座学で聞くだけではなかなか実感がわかないが、少しプログラムを書けば身につまされるものとして体験できるからである。しかしながら、既存のプログラミングに関する教科書は、特定のプログラミング言語の機能とその利用法を知るような方向性に進みがちで、情報科学の教養を得るには適切でなかった。本書は逆に、情報科学の基礎を学ぶ、そのために必要最小限のプログラミングを学ぶ、という内容となっている。ただし、プログラミングの教科書としても有益であるよう、言語によらず重要なプログラミング上の概念、たとえば正しさの確認やモジュール化など、についてはできる限り盛り込んだつもりだ。

　プログラミング言語としてはPythonを用いる。Pythonは世界的に広く使われている言語ではあるが、本書で採用したのは以下の理由から初学者にとって有益であると考えたためである。まず、開発環境やライブラリなどがよく整備されていること。特に、Anacondaパッケージにより、計算機環境によらず、ほぼ同じ状況でプログラミングができる点は大きな長所である。さらに、比較的高水準な記述が可能であり、初学者が躓きがちな「最低限のプログラムを動かすための、初学者にとって意味不明な記述」がほとんど不要であること。なお、Pythonを用いてはいるが、Python特有の機能はほとんど使っ

ていないため、他の言語を学習する際にも十分参考になる内容となっている。

本書の主たる読者としては大学の教養課程の学生を想定している。そのため、一部の内容には高等学校程度の物理学や微分積分学、統計学の話題が登場する。とはいえ、各分野についての深い知識はまったく不要である。また、情報系技術に関わることになった社会人の方にとっても、基礎から本質までを学ぶことができるものだと自負している。

内容の選定にあたっては、さまざまなバックグラウンドの読者が興味を持てるよう、生命現象・物理現象・データ処理・知識発見など、できる限りバリエーションのある題材を用意するよう努力した。特に後半の内容については、興味のある題材の章から読み進められるようにしてある。さらに、不必要に難しくならぬよう、また初学者にとっては本筋を外れるような内容は学問的には重要だとしても含まぬよう、努めたつもりである。ただし、やや枝葉というべき内容であっても、初学者も遭遇し混乱しがちな落とし穴や、知っておくと非常に便利な機能などについては、「発展」という形で取り上げた。加えて、Python 言語の概観については「付録」として補足をしている[1]。

本書の執筆にあたっては、東京大学教養学部の科目「アルゴリズム入門」の担当教員の方々から多大なるご協力をいただいた。特に、萩谷昌己先生、山口和紀先生には、この教科書の内容の選定から始まり多くの議論をさせていただいた。また、両先生に加え、伊知地宏先生、地引昌弘先生、千葉滋先生、対馬かなえ先生、中山英樹先生、羽山博先生、松島慎先生、山口文彦先生、山口泰先生には、本書のドラフト版をもとに講義をしていただき、多数の間違いの指摘や改善のためのご意見をいただいた。また、本書の練習問題の中には、当該科目の過去の試験問題から採取したものが少なからずあるが、これらも元々は担当教員による議論によって作成されたものだ。心より感謝したい。

2019 年 6 月

森畑明昌

---

[1] 本文中で使用しているプログラミングや内容の訂正等の補足情報はサポートページで公開している（http://www.utp.or.jp/book/b470446.html）。

目 次

まえがき i

第 1 章 はじめに 1
1.1 なぜプログラミングを学ぶのか 1
1.2 プログラミングの学び方 3
1.3 プログラミングを通して見えてくる世界 4
1.4 本書の構成 6
1.5 参考文献 7

第 2 章 まずは使ってみる 8
2.1 プログラミング環境の準備と起動 8
  2.1.1 Python プログラミング環境の入手 8
  2.1.2 プログラム開発環境の準備と起動 9
  2.1.3 プログラミング環境の起動と終了 10
  2.1.4 本書で用いるライブラリのインストール 12
2.2 簡単な計算をしてみる 13
2.3 整数と小数 14
2.4 変数 16
2.5 コメント 20
2.6 入力のルールとエラー 20
2.7 学んだことのまとめ 22
  練習問題 23

第3章　プログラムを作ろう　26

- 3.1　プログラムの読み込み 26
- 3.2　関数 27
- 3.3　print 関数 29
- 3.4　インデント 31
- 3.5　ライブラリ 32
- 3.6　【発展】値を返さない関数 33
- 3.7　【発展】変数のスコープ 34
- 3.8　学んだことのまとめ 35
- 練習問題 35

第4章　データ処理の基本：成績の集計　38

- 4.1　配列：多くのデータをひとまとめに ... 38
- 4.2　点数の総和と平均 40
- 4.3　テストによる結果の確認と可視化 ... 42
- 4.4　【発展】for 文についてもう少し ... 45
- 4.5　分散の計算と誤差 46
- 4.6　最高点の計算 49
- 4.7　さまざまな if 文 52
- 4.8　真偽値 53
- 4.9　さまざまな試験科目がある場合 ... 55
- 4.10　文字列 59
- 4.11　【発展】型 60
- 4.12　学んだことのまとめ 61
- 練習問題 63

第5章　ライフゲーム　66

- 5.1　ライフゲームとは 66
- 5.2　ライフゲームのプログラム 67
  - 5.2.1　2次元配列による盤面の構成 ... 68
  - 5.2.2　周囲の生命を数える 69

	5.2.3 各セルの次世代の計算	71
	5.2.4 次世代の盤面の計算	72
	5.2.5 複数世代のシミュレーションを行う	73
5.3	ライフゲームの可視化	73
5.4	モジュール化	75
5.5	いろいろな絵を描いてみよう	76
5.6	【発展】配列のさまざまな機能	78
5.7	【発展】配列とコピー	81
	練習問題	83

第 6 章　放物運動のシミュレーション　　87

6.1	運動方程式と差分化	87
6.2	放物運動シミュレーションプログラムの作成	90
6.3	放物運動シミュレーションプログラムの改善	91
	6.3.1 可視化による正しさの確認	92
	6.3.2 モジュール化再訪	94
6.4	【発展】オブジェクト指向	96
6.5	break を伴う繰返し	99
	練習問題	101

幕間：テストとデバッグの基本　　103

第 7 章　p 値の計算　　107

7.1	p 値とは	108
7.2	p 値を計算するプログラム	109
7.3	組合せ数のさまざまな計算方法	112
	7.3.1 階乗を使う方法	112
	7.3.2 パスカルの三角形を使う方法	113
	7.3.3 漸化式を使う方法	115
7.4	それぞれの方法の実行時間	117
7.5	アルゴリズムの計算量と O 記法	120

7.6 再帰についてもう少し 123
7.7 シミュレーションによる確率の計算 125
7.8 モンテカルロ法 127
7.9 擬似乱数とその要件 130
7.10 【発展】擬似乱数を使ったプログラムの正しさ 131
練習問題 132

第 8 章 大規模データの検索　　　　　　　　　　　　　136
8.1 線形探索と二分探索 136
8.2 ヒストグラムの計算 142
8.3 併合整列法 145
8.4 【発展】整列のアルゴリズムと空間計算量 150
8.5 さまざまなデータ構造 152
8.6 文章の分析を少しだけ 153
練習問題 157

第 9 章 データからの情報抽出：回帰分析　　　　　　　　160
9.1 回帰分析とは 160
9.2 最小 2 乗線形回帰分析の原理 161
9.3 連立 1 次方程式の求解アルゴリズム 164
9.4 連立 1 次方程式求解アルゴリズムの正しさ 168
9.5 数値誤差とその理由 169
9.6 ピボット選択による改善 172
練習問題 175

第 10 章 拡散のシミュレーション　　　　　　　　　　　177
10.1 拡散方程式 177
10.2 拡散方程式の差分化 178
10.3 拡散シミュレーションのプログラム 179
10.4 拡散シミュレーションの安定性 181
10.5 さまざまな差分化手法とその精度 183

10.6　誤差を伴うプログラムのテスト 186
　練習問題 187

第 11 章　高度な検索：ゲノムを解析する　　190
　11.1　特定の塩基を豊富に含む部位の検索 190
　11.2　検索の高速化 192
　11.3　動的計画法とメモ化 194
　11.4　2 種類のゲノムの共通部分を探す 195
　練習問題 198

第 12 章　データを分類する　　200
　12.1　クラスタリング 201
　12.2　クラスタリングの単純なアルゴリズム 203
　12.3　k-means 法 204
　12.4　k-means 法の初期値依存性 207
　12.5　コンピュータの限界 210

付　録 A　Python 言語の簡易ガイド　　211
　A.1　言語の基本的な構造 211
　A.2　名前 212
　A.3　文 213
　A.4　式 214
　A.5　基本的な値と型 216
　A.6　ライブラリ 216
　A.7　エラーと例外 217

付　録 B　ita ライブラリガイド　　219
　B.1　練習問題の解答確認プログラム excheck 219
　B.2　ita ライブラリ関数の詳細 220
　B.3　ita ライブラリの実現 222

索引　　224

第1章 はじめに

1.1 なぜプログラミングを学ぶのか

　もしあなたが将来プログラマや IT エンジニアになりたい場合、プログラミングを学ぶのにそれ以上の理由はいらない。しかし、多くの人はそんなことはないだろう。IT 系以外の職業を考えていたり、または将来のことはまだ決まっていなかったりするのではないだろうか。そういう人には迷いがあると思う。自分にはプログラミングを学ぶ必要があるだろうか？

　私は、ほとんどの人にとって、プログラムを学ぶ意味はあると思う。言い換えれば、プログラムを学んだことは、その後の人生に何かしら活きてくると思う。とはいえもちろん、プログラミングが全人類に必須だということはない。プログラミングに関する状況は、日本で生活する人にとっての英語学習に比較的近い、というのが私の意見だ。

　日本ではまったく英語を使わなくても普通に生活してゆける。その一方で、日本の外にはさまざまな国があり、私たちは少なくとも間接的にはそれらの国の組織や人と深い関わりをもって生活している。食料品をはじめ外国製の物を日常的に利用しているはずだし、また外国から日本に来る人や日本から外国に行く人も珍しくない。そして、外国の人や組織と意思疎通する場合には英語が基本となる。つまり、私たちが直接英語を使っていないとしても、誰かが代わりに英語を使っていて、そのおかげで今の私たちの生活は成り立っている。これは比喩でも何でもなく、今や外国との交流や貿易なしには社会全

体が立ち行かないようになっているのだ。そんな状況なのだから、外国に関する知識、そして外国の情報を得たり外国の人と交流したりするための英語は、必須とは言わないまでも相当に重要であることは間違いないだろう。英語や外国に関する知識には、街で外国人に出会ったときに意思疎通ができるというような直接的な意義だけではなく、外国と関わっているような人（それは知人友人かもしれないし、同僚かもしれないし、クライアントかもしれない）とのやり取りをより円滑にするという意義もあるのだ。そして、間接的にすら外国と縁をもっていない人は、もはや日本にはほとんどいないはずだ。

プログラミングについても状況はよく似ている。ただし、プログラミングによって意思疎通できるのは外国の人ではなくコンピュータだ。現代社会はあらゆるところでコンピュータを利用しており、もはやコンピュータなしなど考えられない。このコンピュータ、いろいろな仕事を緻密にやってくれる、人類にとって非常に信頼できる相方なのだが、残念ながら日本語や英語を解さない。彼ら彼女らとはプログラミングを通してしか会話ができないのである。

プログラミングを学べば、コンピュータと直接話ができるようになる。これはとても大きなメリットだ。一度彼らと意思疎通ができるようになれば、コンピュータはその力を私たちに喜んで貸してくれるのだから。しかし、すべての人類がコンピュータと直接話をできなくてもかまわないだろう。大事なことは、コンピュータについて知ることだ。彼ら彼女らはどんな生活を送っていて、何が得意で、何が苦手なのか……。そういうことを知ることで、たとえば、コンピュータと関わっている人たち（つまりプログラマやITエンジニアなどだ）に仕事を依頼したりする際に、やり取りがスムーズになるだろう。

とはいっても、プログラミングを学ぶことが将来にわたって永遠に役立つとは限らない。たとえば、自動車の内部構造は一昔前は免許取得にも必須の知識とされていたが、今はそれほど重要視されていない。自動車の内部がほとんどコンピュータ制御になってしまい、内部構造の知識は適切な運転や故障対応に以前ほどは役立たなくなってしまったからだ。同様に、コンピュータが今よりもっと社会の奥深くに息づくようになり、人類がコンピュータと間接的にしか接しなくなってくると、おそらくプログラミングを学ぶ意義は下がってくる。しかしそれまでは、プログラミングを少しだけ学んでおくこ

とは、現代社会をよりよく知りよりよく生き抜くことにつながると思う。

1.2 プログラミングの学び方

　プログラミングは英語と似た状況にある、と先ほど述べたが、学び方も似ている。プログラミングは語学であり、まさしく語学のように学ぶ。まず最初は基礎的な単語や例文を学ぶことになる。この段階では多少の暗記が必要になる。それが終われば、とにかくできる限り多くの文章を書いたり読んだりすることが重要になる。この際には、先生やネイティブからのフィードバックを受けることが望ましい。これに加え、余裕があれば海外の文化や習慣——コンピュータの場合、コンピュータそのものの構造（**コンピュータアーキテクチャ**と呼ばれる）やその上で走っている**オペレーティングシステム**などの基盤ソフトウェアについての知識などに対応するだろう——を学ぶことができれば望ましい。

　語学だというと怖がる人がいるかもしれない。中学高校で何百時間も英語を学んだけれどまったくものにならなかった……という話はよく聞く（私もそうだった）。しかし心配はいらない。プログラミングに用いる言語である**プログラミング言語**は、英語などの人類が日常的に使っている言語（プログラミング言語との対比では**自然言語**と呼ぶ）に比べて**圧倒的に簡単**だ。単語は（数え方にもよるが）10 から 20 も覚えればとりあえずは十分だし、文法規則もコアなものは数えるほどしかない。そもそも、プログラミング言語は人類とコンピュータが**簡単**に意思疎通をするために人工的に作られたものなのだから、人間にとって簡単でなければ本末転倒なのだ。

　いかに簡単だと言っても、やはり見たことのない言語を学ぶのには辛さもある。最初はまったく意味がわからないかもしれない。とはいえ、多少の基本的な語彙と文法が身についてくれば、それ以降は想像よりは簡単に習得してゆけるはずだ。

　もう 1 つ大事なことは、1 つプログラミング言語を学べば、他の言語も比較的簡単に習得できるようになる、ということだ。自然言語の場合「将来使うかもと思って必死に中国語を学んだら、仕事で必要になったのはフランス語だった」というようなことが起こりうるし、そのときに中国語の経験はフ

> **コラム：機械語と言語処理系**
>
> コンピュータが本当に理解できるのは <u>機械語</u> と呼ばれる言語で、私たちがこれから学ぶプログラミング言語とは異なる。機械語は 01 の羅列にすぎないため、人類が理解するのはほとんど不可能だ。一方、プログラミング言語で記述されたプログラムは、そのままではコンピュータが理解できないため、<u>言語処理系</u> と総称されるソフトウェアによってコンピュータが理解できるようなものに翻訳される。代表的な言語処理系には、<u>コンパイラ</u> というプログラムを機械語に翻訳するものと、<u>インタプリタ</u> という「同時通訳」のような形で直接的な翻訳を避けるものがある。なお、本書で学ぶ Python は原則としてインタプリタを用いる言語だ。いずれにせよ、コンピュータは人類がおよそ理解できない言語を使う異星人のようなもので、プログラミング言語は異星人と人類が意思疎通のためにお互い歩み寄って使っているものなのだ。

ランス語にはそれほどは活きないだろう。その点、プログラミング言語は異なる言語でも基本的な部分はよく似ていることが多く[1]、1 つの言語を学ぶと類推で他の言語のこともある程度わかるようになる。だから、とりあえず1 つ言語を学んでおく、というのは無駄にはなりにくい。

1.3　プログラミングを通して見えてくる世界

　プログラミング言語の語彙や文法を学ぶことは手段にすぎない。より重要なのは、学んだ言語を活用して何をするかだろう。これは、外国語を学んだ場合でも、旅行や貿易をしたり、外国の状況や文化を学んだりすることで、学んだ成果を活かすことができるのと同じだ。本書ではプログラミングを通してコンピュータは何が得意で苦手かを学ぶ。たとえば、コンピュータについて以下のように思っていないだろうか？

- コンピュータは正確無比である。特に計算は絶対に間違えない。

---

[1]実際には、プログラミング言語にもいくつかの大きな種類があり、違う種類の言語だとそれなりに差異がある。とはいえ、本書で学ぶ Python は最も広く使われている種類の言語なので、応用はききやすい。

- コンピュータは猛烈な速度で処理を行う。高性能なコンピュータならなおさらだ。

これらは、完全に間違いとは言えないが、どちらかと言えば誤解に近い。

コンピュータによる処理が正確だというのは、さまざまな理由でかなり不正確だ。まず、コンピュータを操作するためにはプログラムが必要だが、**正しいプログラムを作るのはかなり難しい**。これはプログラマの技量の問題ではない。実際、歴史をひもとけば、有名企業や大規模プロジェクトで開発したプログラムが間違っていたために起こった大惨事を多数見つけることができる。次に、**コンピュータは原則として計算を間違える**。たとえば、ほとんどの場合、コンピュータは $0.1 + 0.1 + 0.1 = 0.3$ という簡単な計算すら失敗する。さらに、多くのプログラムは**正確に結果を求めることを最初から諦めている**。これは気象予報や自動運転、最新の人工知能であっても同様だ。この理由は 2 点目の誤解と関連するが、本当に正確に結果を求めるのは時間がかかりすぎることが多いためだ。いずれにせよ、コンピュータの出した結果は手放しで信頼できるものではない。特に、自動運転や医療診断など、誤りの絶対に許されない用途にコンピュータを使う際には、これは本当に深刻な問題となりうる。

また、**コンピュータが高速に行うことができる処理はそれほど多くない**。私は知人から「なぜチェスの最善手順を解析するようなプロジェクトが起こらないのか。チェスなんて 8×8 の盤面しかないのだから、現代の高性能なコンピュータに十分な時間を与えれば解析できるはずだ」というようなことを言われたことがある。このプロジェクトが現実的かと言われれば甚だ怪しい。チェスの最善手順を求めるのはコンピュータにとって「原理的に難しい」問題の典型例であり、$8 \times 8 = 64$ マスごときの盤面ですら完璧に扱うのは不可能に近い。そのため、最先端の人工知能であっても、このような場合には「最善」を求めるのは諦めている。チェスに限らず、コンピュータを使って人間が扱いたくなるような処理のうちかなりの部分は、コンピュータにとって「原理的に難しい」問題だ。その種の問題には、**コンピュータの性能が上がっても到底解消できないほどとてつもない時間がかかってしまう**のだ。

以上のような状況は、情報科学の基礎を少し学べば理解することができる

し、少しプログラムを書けば体験することもできる。本書でもこの状況を学ぶとともに、これらができる限り深刻な問題とならないよう、以下のアプローチでプログラミングに挑む。

- プログラムの正しさをよく確認する。原理的に正確な結果とならないプログラムでは、どの程度不正確なのかも考える。

- そのプログラムが現実的な時間内にどの程度の規模のデータまで扱えるか確認する。小さなデータしか扱えない場合、よりよい方法がないか模索する。

これにより、コンピュータの欠点や苦手な部分を私たちがある程度フォローできる。これは、コンピュータという異邦人をより理解し、よりよく付き合うことにつながるはずだ。

1.4 本書の構成

本書ではまず、第2章から第4章までで、プログラミングを構成する基本的な要素を学ぶ。主なものは、変数、関数、配列、繰返し、条件分岐の5つだ。これらをある程度使いこなすことができれば「プログラミングを学んだことがある」と言っても差し支えない。もし以前にプログラミングを学んだ経験があれば、この部分は簡単に通り過ぎることができるだろう。

第5章と第6章は、第4章までの内容を使った応用問題にあたる。この部分にはプログラミングとして新しい要素はほとんどない。具体例を通して理解を深めるのが主な目的だ。そのため、先を急ぎたい人は飛ばしてもそれほど不都合はない。

幕間は他の章とは独立しており、プログラムの正しさをどう確認するか、間違ったプログラムをどう修正するか、というのが主題だ。プログラムの正しさの確認や間違いの修正にどのタイミングで悩むようになるかは人によるので、必要に応じて参照してもらいたい。

第7章からはプログラミングを通して情報科学の基礎を学ぶことが目的となる。特に第7章に現れる、アルゴリズム、計算量、誤差、疑似乱数、といった要素は重要で、以降を学ぶ上での基盤となっている。

第 8 章から第 12 章までは、さまざまな具体例を通じて、情報科学の基礎の理解を深めてゆくことを目的としている。各章にはそれぞれ以下の学習テーマがある。

- 第 8 章：高度なアルゴリズム（二分法・分割統治法・データ構造の利用）
- 第 9 章：数値誤差の詳細
- 第 10 章：数値シミュレーションの誤差と安定性
- 第 11 章：高度なアルゴリズム（動的計画法）
- 第 12 章：コンピュータの限界

これらの章は好きな順番で学んでもらってかまわない。ただし第 10 章は事前に第 6 章を学んでいることを前提としている。

本書末尾には、本書で学ぶ範囲の Python 言語と本書で使う `ita` ライブラリについて、付録として簡単な説明を載せている。これらも必要に応じて参照してもらいたい。だたし、この部分はリファレンスとしての利用を想定しているため、説明は比較的簡素だ。本文と併せて利用してもらいたい。

1.5　参考文献

本書は全体を通して以下の 2 冊の教科書を参考にしている。

1. 増原英彦, 東京大学情報教育連絡会著. 情報科学入門：$Ruby$ を使って学ぶ. 東京大学出版会, 2010 年.

2. John V. Guttag 著, 久保幹雄監訳. $Python$ 言語によるプログラミングイントロダクション. 近代科学社, 2014 年.

本書の内容の選定にはこれら 2 冊の影響が大きく、これらから拝借した題材も少なくない。また、これら 2 冊の教科書は、本書でプログラミングを学ぶ際の副読本、また学んだ後に次のステップへ進む際の教科書としても適切だ。

第 2 章

まずは使ってみる

2.1 プログラミング環境の準備と起動

2.1.1 Python プログラミング環境の入手

　本書では Python[1] というプログラミング言語を用いる。Python は比較的書きやすいとされており、機械学習や大規模データ処理・画像処理などに適した機能が整備されていることもあって広く使われている。それ以外にもさまざまな特徴があるが、それらは今後折に触れて見てゆくことにしよう。

　自分のコンピュータで Python プログラミングができるようにするには、Anaconda[2] と呼ばれるパッケージを利用するのがお薦めだ。パッケージとは、言語の機能を拡張する <u>ライブラリ</u>[3] やプログラムを開発するための支援システム（<u>開発環境</u> と呼ばれる）などをまとめたものだ。Python は非常に多機能のため、これらをまとめて提供してくれるパッケージを利用することをお薦めする[4]。

　なお、Python には version 2 系列と version 3 系列があり、文法規則など

---

[1] Python 公式サイト（英語）: https://www.python.org/
[2] Anaconda 公式サイト（英語）: https://www.anaconda.com/
[3] Python ではライブラリを「モジュール」、複数のモジュールが集まったものを「パッケージ」と呼ぶ場合が多い。Anaconda はこの意味での「パッケージ」ではないが慣習上パッケージと呼ばれている。Anaconda のようなパッケージとの混乱を避けるため、以降本書では基本的に「ライブラリ」という言葉を使い、「パッケージ」や「モジュール」という言葉は避ける。
[4] Anaconda に基づく Python 環境でないと本書の内容を利用できないということはないが、標準ライブラリに加えて `numpy` ライブラリと `matplotlib` ライブラリが必要となる。

が微妙に異なる。本書では version 3 系列を前提とした説明を行う。本書に記載されているプログラムがうまく動かなかったりした場合には、version 2 系列の Python 環境を利用している可能性があるので注意してほしい [5]。また、インターネットなどで情報を調べる場合も、それが version 2 系列に関する情報なのか version 3 系列に関する情報なのかをよく確認したほうがよい。なお、Anaconda の場合はどちらの version のものをダウンロードするか選ぶことができる。

2.1.2　プログラム開発環境の準備と起動

Anaconda にはいくつかのプログラム開発環境が含まれている。本書では IDLE と Jupyter の 2 種類をお薦めしておく。

IDLE はプログラムを記述するためのソフトウェア（エディタと呼ばれる）とプログラムを実行するインタプリタが一緒になったものだ。それほど高機能ではないが必要十分な機能はあり、シンプルで使いやすい。また、Python 以外の言語にも似たようなソフトウェアが提供されていることが多く、他の言語を学ぶ際にも応用しやすくなっている。

一方、Jupyter はブラウザ上で動作する開発環境だ。プログラムを少しずつ実行したり、実行結果をその場で確認したり、といったことがインタラクティブにできる。そのため、特にプログラミングに慣れていないときに、プログラムの動作をよく確認しながら進めることができるのが利点だ。ただし、良くも悪くも、他の開発環境にはない独特な点が多いことには注意が必要だ。

IDLE と Jupyter 以外にもさまざまな環境がある。どのような環境を用いても、プログラミングとしての本質的な差はないので、いろいろと試してみて気に入ったものを使うのがよいだろう。迷ってしまう場合や複数試すのは面倒だという場合には、本格的にプログラミングを学びたい人は他の言語などにも応用のききやすい IDLE を、少しだけプログラミングを体験したい人は高機能で華やかな Jupyter をお薦めする。Jupyter でプログラミングに入門し、慣れてきたら IDLE を使うというのもよいだろう。

---

[5] 今使っている Python の version を確認するには、対話モードで `import platform` 後に `print(platform.python_version)` ⏎ と入力すればよい。

2.1.3　プログラミング環境の起動と終了

IDLE や Jupyter を起動するにはコマンドプロンプト[6]を経由する。コマンドプロンプトの起動方法は環境によっても異なるが、代表的な方法は以下のとおりだ。

- Windows の場合、スタートメニュー（窓のマークのボタンを左クリック）から「Anaconda Prompt」を選択する[7]。

- Macintosh（以下、Mac）の場合、Finder から「アプリケーション」「ユーティリティー」と選び、「ターミナル」を選択する。

いずれにしても、図 2.1 のような、ほとんど真っ白（または真っ黒）の中に多少の文字が表示されただけの、素っ気ない画面が現れるはずだ。このとき、カーソルの手前に表示されている謎の文字列（図 2.1 では「~ $」というものだが、環境によってさまざまな表示がありうる）はプロンプトと呼ばれるもので、ユーザの入力を受け付けていることを表している。以降はプロン

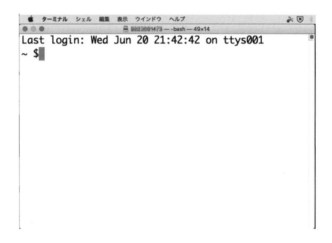

図 2.1　コマンドプロンプト

---

[6] 環境によっては「ターミナル」とも呼ばれる。
[7] これは Anaconda で Python を導入した場合の操作だ。他の方法で Python を導入した場合は、それぞれのマニュアルを参照してほしい。

2.1. プログラミング環境の準備と起動　11

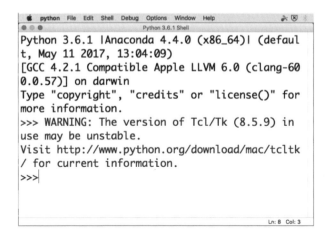

図 2.2　IDLE の対話モード画面

プトが「$」であるとして表記する。コマンドプロンプトではプロンプトの後ろにコマンドと呼ばれる文字列を打ち込むことでコンピュータを操作する。

それではプログラミング環境を起動しよう。IDLE を起動する場合は、

```
$ idle ⏎
```

と入力する。ここで、⏎は Enter キー（Return キーとも呼ばれる）を押すことを意味する。図 2.2 のような画面が現れるはずだ。また、Jupyter を起動する場合は、

```
$ jupyter notebook ⏎
```

と入力し、現れた画面から「New」→「Python3」と選択する。図 2.3 のような画面になっただろうか。

IDLE と Jupyter のどちらを起動しても、コマンドプロンプトに少し似た雰囲気の、ユーザの入力を待つ画面が再度現れる。以降この画面を **対話モード** と呼ぶ。本書では主にこの対話モードを使ってプログラミングを行う。

実際にプログラミングを始める前に、開発環境の終わらせ方を確認しておこう。IDLE はメニューから「File」→「Exit」と選べば終了できる。Jupyter

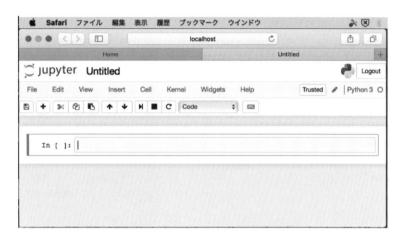

図 **2.3** Jupyter の対話モード画面

はやや癖があり、単にブラウザを終了するだけでは Jupyter は終了していない。ちゃんと終了させたい場合はコマンドプロンプトから[8]

```
$ jupyter notebook stop  ↵
```

と入力する。

2.1.4 本書で用いるライブラリのインストール

本書でのプログラミングを簡単にするため、いくつかの機能をライブラリとして準備している。これは Anaconda などの標準的なパッケージには含まれていないので、別途入手する必要がある。このためには以下のコマンドをコマンドプロンプトから入力する。なお、このコマンドは初回に一度だけ入力すればよい。

```
$ pip install ita  ↵
```

なお、コマンドプロンプトではなく Jupyter 上から入手・導入することもできる。この場合、以下のように先頭に!をつける。

---

[8] Jupyter を起動させたために入力を受け付けない場合は、新しいコマンドプロンプトを立ち上げて入力する。

表 2.1 基本的な算術演算の記号

記号	意味
+	足し算
-	引き算（負数の記述にも用いる）
*	掛け算
/	割り算（結果は小数）
//	割り算（商とあまりを求めたときの商）
%	割り算（商とあまりを求めたときのあまり）
**	べき乗

```
> !pip install ita ⏎
```

2.2 簡単な計算をしてみる

　対話モードでは Python のプログラムを入力するとシステムが即座に結果を返してくれる。例として、まずは以下のような簡単な数式を入力してみよう。IDLE を使っている場合、プロンプトに続けて直接入力する。Jupyter を使っている場合、In [ ]:の後ろのテキストボックスに入力し、Shift キーを押しながら Enter キーを押す（以降この操作も⏎で表す）。なお、以降の説明では IDLE と Jupyter の差を無視し、またターミナル画面と区別するため、対話モードへの入力を表す場合には > をプロンプトとして用いる。

```
> 2 + 5 ⏎
7
```

　2 + 5 の部分が入力したプログラムだ。対話モードは、このプログラムを実行し 7 という結果を得た、と報告している。正しく足し算が行われていることがわかる。

　もちろん足し算以外の計算もできる。ただし、掛け算や割り算の記号はキーボード上にないので、別の記号で代替することになる。表 2.1 に代表的な計算の記号をまとめたので参考にしてほしい。

　より複雑な計算式を書くこともできる。

```
> 7 - 6 - 4 ⏎
-3
> 5 - 2 * 6 ⏎
-7
> (7 - 4) ** 4 ⏎
81
```

　複雑な計算式では、どの部分から順に計算を進めるかによって結果が違う場合がある。Pythonでは、おおむね数学と同様の順番（べき乗 → 掛け算・割り算 → 足し算・引き算）で計算を行う。たとえば、5 - 2 * 6では、5 - 2ではなく2 * 6を先に計算するため、最終結果は-7となる。計算順序を変えたい場合や、または計算順序がよくわからない場合には、括弧を使うこともできる。なお、括弧は何重であってもすべて丸括弧()を使う。他の種類の括弧、たとえば[]や{}、は別の用途に使う。

2.3　整数と小数

　表2.1に示したように割り算にはいくつか種類がある。特に「/」と「//」は混同しやすいので注意したい。「/」は普通の割り算で、結果は小数になる。

```
> 12 / 4 ⏎
3.0
> 28 / 5 ⏎
5.6
```

　「//」は「商」と「あまり」を求めたときの「商」だ。結果は整数になることも小数になることもある。

```
> 12 // 4 ⏎
3
> 28 // 5 ⏎
5
> 12.5 // 3.0 ⏎
4.0
```

2.3. 整数と小数

結果が整数になるか小数になるかは大きな違いだ。Python には整数と小数[9]（正確には **浮動小数点数**）があり、これらは区別しなければならない。たとえば 3.0 と 3 とは根本的に異なるのだ。詳細についてはおいおい学んでゆくが、とりあえず以下のことを押さえておこう。

- 整数は 1 刻みでしか数値を扱えないが、整数同士の計算では間違いは生じない。

- 小数はかなり小さな値まで扱うことができるが、計算結果が少しずれることがある。

- 「/」を使った割り算を除き、整数同士の計算の結果は整数になる。

- 原則として、整数と小数、または小数同士の計算の結果は小数になる。

最も大きな違いは計算を間違えるかどうかだ。小数を使うと計算結果が正しくないことがあるのだ。これを体感するため、以下を実行してみよう

```
> 0.1 + 0.2 ⏎
0.30000000000000004
```

コンピュータは $0.1 + 0.2$ という簡単な計算を間違えている！　このように、コンピュータによる小数の計算結果はわずかに（場合によっては大きく）ずれる。このずれのことを **誤差**[10] と呼ぶ。誤差はときに深刻な問題を引き起こすのだが、多くの場合ではわずかなので、現時点ではそれほど気にしないことにしよう。

小数で非常に大きな数や小さな数を表した場合、10 のべき乗を伴う形で表示される。たとえば、以下に示す計算結果は $1.0000000000000005 \times 10^{-8}$ を表している。e の手前が具体的な数値を、e より後が 10 のべき乗を表している。なお、結果が 1.0×10^{-8} にならないのはやはり誤差が理由だ。

```
> 0.1 ** 8 ⏎
1.0000000000000005e-8
```

---

[9] 他にも複素数などがあるが、本書では扱わない。
[10] 特に、コンピュータで計算を行った際の誤差を他の誤差（データを計測した際の機器精度による誤差や、標本抽出をした際の真の値との差など）と区別して **計算誤差** と呼ぶ。

以上のように整数と小数には違いがあるため、たとえば3.0と3は区別して使われる。とはいえ、3を3.0に変換したり、3.0を3に変換したりしたくなることもある。整数を小数に変えるのは比較的簡単で、割り算や0.0を足すなどの方法がある。小数を整数に変えたい場合には、`round`というものを使う。なお、`round`は小数点以下を四捨五入する。

```
> 8 + 0.0  ⏎
8.0
> 8 / 1  ⏎
8.0
> round(8.0)  ⏎
8
```

2.4 変数

少し実用的な例として BMI (Body Mass Index) の計算を考えよう。BMIは身長と体重から計算される数値で、低体重や肥満を簡便に調べる指標として使われている。

$$\text{BMI} = [体重\ (\text{kg})] / [身長\ (\text{m})]^2$$

例として身長167cm、体重65kgの人の BMI を計算してみよう。

```
> 65 / (167 / 100) ** 2  ⏎
23.306680053067517
```

BMI はおよそ 23.3 と求めることができた。

これで目的は達成できたのだが、ちょっと落ち着いて上のプログラムを見直してほしい。このプログラムが *BMI* を正しく計算しているものだとわかるだろうか？　これはとても重要な問いだ。コンピュータは、ただ言われたとおりに計算をするだけで、その意味を考えてくれはしない。こちらの指示が間違っていた場合、コンピュータはそれに従って意味のない結果を求める。そのため、人間がプログラムの正しさを確認することはとても重要なのだ。今回のプログラムぐらいであれば、それほど複雑ではないので、その意味と正しさは明らかかもしれない。しかし、より複雑なプログラムに取り組んでゆ

くことに備え、今から可能な限りわかりやすいプログラムを書く習慣をつけておくべきだ。

今回のプログラムの少しわかりづらいところは、そこに現れる数値が一見しただけでは体重と身長だとわからないところだろう。この問題は **変数** を使えば解決する。変数は計算結果に名前をつける機能だ。

```
> height = 167 / 100 ⏎
> weight = 65 ⏎
> weight / height ** 2 ⏎
23.306680053067517
```

今回は height と weight という 2 つの変数を導入した。これらはそれぞれ、167 / 100 と 65 の計算結果を保持している。この結果、最後の BMI の計算式はまさしく BMI の定義そのとおりになっていて、その正しさがひと目でわかるようになった。

専門用語としては、変数を導入することを **変数定義**、変数の保持している値のことを **変数値**、変数の名前のことを **変数名** と呼ぶ。上記例であれば、変数値 1.67 の変数 height と変数値 65 の変数 weight を定義していることになる。

一度定義した変数の値は何度も用いることができる。例として、先ほど定義した身長体重の値を用いてローレル指数を計算してみよう。ローレル指数も BMI と似た目的で使われる指数だ。

$$ローレル指数 = [体重 (kg)] / [身長 (m)]^3 \cdot 10$$

以下の入力は先ほどの BMI の計算に続けて打ち込んでいる想定だ。

```
> weight / height ** 3 * 10 ⏎
139.56095840160194
```

一方、変数値を変更することもできる。たとえば、体重が 60kg になった場合の BMI を計算してみよう。変数値を変更するのは、新しく変数定義するときとまったく同じようにすればよい。

```
> weight = 60 ⏎
> weight / height ** 2 ⏎
21.513858510523864
```

変数値を変更する場合、新しい値は現在の値をもとに計算することも多い。今度は身長が 3 cm 大きくなった場合の BMI を計算してみよう。

```
> height = height + 0.03  ↵
> weight / height ** 2  ↵
20.761245674740486
```

ここでの `height = height + 0.03` というのは「変数 `height` の値を『現在の `height` の値 $+0.03$』へと変更する」という意味である。間違っても数学に出てくる等式ではない。

以上見てきたように、同じ数値を何度も使う場合や、数値を変えながら同じ処理を何度も行う場合には、変数を使うとよりわかりやすく簡潔なプログラムを書くことができる。

さて、もう 1 つの例として体感温度の計算を考えよう。体感温度にはいろいろな計算方法があるが、湿度の影響を加味するものとして以下の計算式が知られている。ここでは気温（℃）を T、湿度（％）を H と書くことにする。

$$[体感温度 (℃)] = T - 0.4 \cdot (T - 10) \cdot (1 - H / 100)$$

試しに、気温 24℃、湿度 88％ の場合での、摂氏での体感温度を計算してみよう。

```
> 24 - 0.4 * (24 - 10) * (1 - 88 / 100)  ↵
23.328
```

やはりこのプログラムはわかりづらい。気温を 2 回入力しているのも問題だ。1 回目と 2 回目で違う温度を入力してしまったらおかしな計算になる。変数を使うことでこの問題も解決できる。

```
> t = 24  ↵
> h = 88  ↵
> t - 0.4 * (t - 10) * (1 - h / 100)  ↵
23.328
```

変数を使ったおかげで、たとえば気温を華氏（℉）から計算して求めたりするのも簡単になる。なお、華氏温度は以下の式で摂氏温度に変換できる。

$$[摂氏 (℃)] = ([華氏 (℉)] - 32) / 1.8$$

> **コラム：何に名前をつけるべきか？**
>
> 名前をつけるのは、人類にとって文明の発展を支えてきた根源とも言える力だ。たとえば、「時間」という言葉がなかったとしたら、私たちは今ほど明確に時間を認識できただろうか。プログラミングでも名前をつけるというのは非常に重要だ。名前をどうつけるかで、プログラムは読みやすいものにも理解不能なものにもなる。
>
> 　当然のことながら、名前をまったく使わないプログラムは読みにくい[†]。しかし名前を必要以上に導入するのもまた危険だ。たとえば 1 を変数 one に、2 を変数 two に……としていったとしても、プログラムはむしろわかりにくくなる一方だろう。
>
> 　では、どのようなものに名前をつければよいのだろうか。名前をつけるべき対象の基準としては、以下のような指針がよく知られている。
>
> - それが複数回（典型的には 3 回以上）プログラム中に現れる
> - それが人間にとって理解できるような概念に対応する
> - プログラムの文面を見ただけでは意図が理解しづらい
>
> 特に何度もプログラム中に現れるものは、何らかの概念にも対応することが多く、名前をつける方がよい場合が普通だ。
>
> ---
>
> [†] 実は変数名をほとんど使わない「ポイントフリー」と呼ばれるプログラミングスタイルもあるが、これは読みやすさ・書きやすさよりは、機械的な変換のしやすさを重視したものである。

華氏 60°F、湿度 88% の摂氏での体感温度を求めてみよう。

```
> t = (60 - 32) / 1.8 ⏎
> h = 88 ⏎
> t - 0.4 * (t - 10) * (1 - h / 100) ⏎
15.288888888888888
```

　変数を使わなければ、華氏から摂氏への変換を 2 回書くことになり、面倒だし間違いも起こりやすい。

2.5 コメント

　一定以上の規模のプログラムはどんなに注意深く書いたとしても難しくなりがちだ。わかりやすいプログラムにするためには、多少の説明を追加したくなる。そのような説明書きを**コメント**と呼ぶ。Pythonでは、#から行末までは何を記述してもプログラムの動作にまったく影響を与えない。そのため、自由にコメントを書くことができる。なお、コメント中には日本語を使っても大丈夫だ。

```
> t = (60 - 32) / 1.8    #華氏60度を摂氏に変換 ⏎
> h = 88  #湿度88% ⏎
> t - 0.4 * (t - 10) * (1 - h / 100) ⏎
15.288888888888888
```

　このプログラムでは、「華氏60度を摂氏に変換」および「湿度88%」の部分がコメントだ。この説明のおかげでプログラムが何を計算しているかがわかりやすくなっている。

2.6 入力のルールとエラー

　ここまでプログラムを正しく入力できただろうか。正しくない入力をしてしまった場合には**エラー**が報告されているはずだ。

```
> 65 / (167 / 100) * * 2 ⏎
    65 / (167 / 100) * * 2
                     ^
SyntaxError: invalid syntax
```

　最もよく見るのはこの SyntaxError だろう。これは、入力したプログラムが文法規則に合っていなかった場合に起こる。今回の場合はべき乗の記号である「**」を入力すべきところ、掛け算記号を2つ「* *」入力してしまったためにエラーとなっている。

　プログラムを書いているとエラーには必ず遭遇する。これは熟練のプログラマでも同様だ。だからエラーを恐れる必要はまったくない。とはいえ、無

用なエラーを起こさないため、また出てしまったエラーを迅速に解消するためのコツはある。現段階では以下のことに気をつけるとよいだろう。

- 大原則として、コンピュータは空気を読んでこちらの意図を汲み取ってくれたりはしない。「こういう書き方も許されるだろう」「これぐらいは、わかってくれるだろう」というような想像はエラーのもとだ。最初は本書に掲載されているプログラムと**文字通り**同じものからスタートし、少しずつ変更するのをお薦めする。
- システムの報告する「エラーの位置」は本当に間違っている場所とは限らない。「エラーの位置」はシステムが辻褄の合わない状況を確認した位置だ。たとえば、3 行目が間違っていて、その結果 3 行目が 12 行目と整合していなかった場合、12 行目が報告される。
- コメント以外で全角文字（日本語など）を使うと予想外のエラーを起こしかねない。英数字と半角記号のみでプログラムを書くのが無難だ。
- 数学等で標準的な記法が使えるとは限らない。たとえば、`3x` が `3 * x` の意味になったりはしない。
- 空白はある程度自由に入れて構わないが、変数名や記号の途中に入れてはいけない。また、文頭に空白を入れる場合もルールがある（詳細は 3.4 節参照）ので注意すること。
- 改行にはいろいろとルールがあり、自由には入れられない。改行付近でエラーが出るなら改行を疑おう。
- 変数名については細かいルールがいくつかある。
  - 変数名では大文字と小文字は区別される。たとえば `x` と `X` は別の変数として扱われる。
  - 変数名では記号は一部例外を除き使えない。たとえば、`his-name` は 1 つの変数ではなく変数 `his` の値から変数 `name` の値を引くプログラムだと解釈される。

表 2.2　Pythonでよく現れるエラー

エラーの名前	理由
IndentationError	インデント（→ 3.4 節）が不適切。
IndexError	配列の添字（→ 4.1 節）が不適切。
ImportError	ライブラリのインポート（→ 3.5 節）に失敗。
NameError	変数名が不適切。
UnboundLocalError	定義されていない変数を参照した。
SyntaxError	プログラムが文法規則に従っていない。
TypeError	適切でない型（→ 4.11 節）の値を使っている。
ZeroDivisionError	0 による割り算を行った。

- 変数名の 1 文字目には数を使えない。1 文字目が英文字であれば 2 文字目以降は数を含んでもよい。たとえば 8x は変数名として許されないが x8 は変数名として使える。

- 一部の名前（たとえば if）は特別な用途に使う（キーワードないし予約語と呼ばれる）ため変数名として使えない。詳細については付録 A.2 を参照してほしい。

表 2.2 にこれら以外のものも含め Python での代表的なエラーをまとめた。まだ学んでいない内容に関わるエラーも多いが、一覧性のために本書に関連するものについてはすべてここに載せている。参考にしてほしい。

なお、エラーはコンピュータがそう判断できるほど明確な間違いがあった場合にのみ起こる。エラーがないからといって正しいプログラムだとは限らない。また、たとえば 0 で割った場合など、場合によってはエラーになることが正しい場合もある。エラーを恐れず、プログラミングの一部として慣れてゆこう。

2.7　学んだことのまとめ

本章で学んだことをまとめておく。

Python では計算のためのさまざまな機能があり、複雑な計算も簡単に行うことができる。ただし、整数と小数の違い、特に小数の計算の誤差には注意が必要だ。

#から行末まではコメントであり、何を書いてもプログラムの動作に影響しない。そのため、プログラムの説明などを自由に書くことができる。

プログラムをわかりやすくするには変数を用いるのが有効だ。変数の使い方のルールをまとめておこう。

---- 変数の使い方 ----

- 「変数名 = 結果を保存したい計算式」と記述することで、指定された名前の変数を定義することができる。その変数の値は計算式の計算結果となる。

- 定義された変数の名前をプログラム中で使うと、その変数の値が参照できる。

- 変数の値は変数定義と同じ書き方で変更することができる。

練習問題

練習問題 2.1. 以下のそれぞれのプログラムを実行するとどのような結果が得られるか。予想したうえで、実際に実行して確かめよ。

```
> 15 % 6 ←
```

```
> 3 + 5 % 2 ←
```

```
> 32 // 4 ←
```

```
> 7 + 2.0 ←
```

```
> 4 - 8 / 2 ←
```

```
> 6 / 3 ** 2 ⏎
```

練習問題 2.2. BMI を計算する際に/を用いたが、代わりに//を使うとどうなるか。予想したうえで、実際に実行して確かめよ。

練習問題 2.3. 変数 a と変数 b から、それらの相加平均 $(a+b)/2$ と相乗平均 $\sqrt{ab}$ を求めるプログラムを変数を使って書け。なお以下は $a=12$、$b=27$ の場合の実行例であり、実行例中の???が埋めるべきプログラムである。

```
> a = 12 ⏎
> b = 27 ⏎
> ??? ⏎
19.5
> ??? ⏎
18.0
```

練習問題 2.4. 2次方程式 $ax^2+bx+c=0$ の1つは $(-b-\sqrt{b^2-4ac})/2a$ である（ただし $a \neq 0$、$b^2-4ac \geq 0$ を仮定する）。この解を求めるプログラムを変数を使って書け。ただし、a,b,c の値は自分で適当に設定せよ。なお以下は $a=2$、$b=-3$、$c=1$ の場合の実行例である。???が埋めるべきプログラムである。

```
> a = 2 ⏎
> b = -3 ⏎
> c = 1 ⏎
> ??? ⏎
0.5
```

練習問題 2.5. 年利 0.05% の定期預金に m 円を 10 年預けることを考える。単利だとすると、結果は $m + m \cdot (0.05 / 100) \cdot 10$ 円となる。複利だとすると、結果は $m \cdot (1 + 0.05 / 100)^{10}$ 円となる。m を適当に設定し、単利と複利それぞれで結果が何円になるかを求めるプログラムを変数を使って書け。なお以下は $m = 1000$ 万円の場合の実行例である。???が埋めるべきプログラムである。

```
> m = 10000000 ⏎
> ??? ⏎
10050000.0
> ??? ⏎
 10050112.650131324
```

練習問題 2.6. 地震の震源までの距離 d は、P 波の速度 v_p、S 波の速度 v_s、初期微動時間（P 波が到達してから S 波が到達するまでの時間）t から以下の式で計算できる。

$$d = (v_p \cdot v_s) / (v_p - v_s) \cdot t$$

震源距離を求めるプログラムを変数を使って書け。ただし、$v_p = 6\,\text{km/s}$、$v_s = 3\,\text{km/s}$ とし、t は自分で適当に設定せよ。なお以下は $t = 2.0$ 秒の場合の実行例である。???が埋めるべきプログラムである。

```
> vp = 6
> vs = 3
> t = 2
> ???
12.0
```

練習問題 2.7. あるグループの会合では、以下のルールで各人の支払金額を決めている。社会人は学生の倍額を支払う。各人の支払いは千円単位で切り捨てる。不足分はグループでプールしている予算から補填する。つまり、社会人が n 人、学生が m 人参加しているとき、c 円支払う必要があるとすると、学生の支払金額は $c / (2n + m)$ を千円単位で切り捨てたもの、社会人の支払金額は $2c / (2n + m)$ を千円単位で切り捨てたものとなる。n, m, c を適当に設定し、グループの予算からの補填額を求めるプログラムを変数を使って書け。なお以下は $n = 4$ 人、$m = 3$ 人、$c = 65200$ 円の場合の実行例である。???が埋めるべきプログラムである。

ヒント：x を千円単位に切り捨てた値は x // 1000 * 1000 で求めることができる。

```
> n = 4
> m = 3
> c = 65200
> ???
6200.0
```

第3章

プログラムを作ろう

　前章では対話モードでプログラムを1行ずつ直接打ちこむことでプログラミングを行った。しかし、対話モードは基本的には一度限りの小さな処理のためのものだ。大きなプログラムは何度もエラーを直したりしながら徐々に作り上げてゆく。そして、出来上がった大きなプログラムは保存しておいて後で何度も使う。対話モードではこのようなことは難しい。本章では本格的なプログラミングをするためには避けて通れないいくつかの機能を紹介する。

3.1 プログラムの読み込み

　Pythonではファイルとして用意したプログラムを読み込むことができる。これを使えば、一度書いたプログラムをファイルとして保存しておき、後で何度も再利用したり修正したりできる。ファイルを利用する方法はJupyterとIDLEで異なる。

- Jupyterの場合、「Download as」を選べば、現在の対話モードをそのままプログラムとして保存できる。このとき、.ipynb形式を選べば対話モードがそのまま、.py形式を選べばプログラム部分のみが保存される。.ipynb形式のファイルは「Open」から読み込むことができる。.py形式のファイルは、対話モードで「`%run` ファイル名」と入力すれば読み込まれる。

- IDLE の場合「New File」を選べば新しいプログラムを作成できる。プログラムを入力し保存した後「Run Module」を行えば作成したプログラムが読み込まれる。なお、IDLE で扱うプログラムは Jupyter での .py 形式にあたるものだ。

なお、記述すべきプログラムはファイルを使う場合も対話モードの場合もほとんどまったく同じだ。

3.2 関数

2.4 節では BMI の計算をした。ファイルを使えば、このプログラムを何度も使い、たくさんの人について（たとえば 1 学年の学生全員について）BMI を計算することができる。しかし 2.4 節のやり方では、それぞれの人について `height` や `weight` という変数の値を変更し、BMI の計算式を実行しなければならない。もっと簡単に行う方法はないだろうか？

プログラミングはコンピュータを人間が簡単に操作するためのものだ。そのため、多くの人がやりたいと思うような機能はあることが多い。同じ処理を何度も行うのはコンピュータを使う最も基本的な目的なので、これをサポートする機能はさまざまな形で提供されている。その中の 1 つが **関数** だ。

関数はさまざまなケースに対して同じ処理を行うための機能で、たとえば、A さん、B さん、C さん……に対して BMI を計算する、というような場面で使う。これは数学の関数に似たところがある。$f(x) = x^2 + 1$ という関数は、さまざまな x に対して対応する $f(x)$ の値を求めることができる。これと同様、プログラミングでの関数もさまざまな入力に対して対応する計算を行う。

例を見てみよう。関数も変数同様、まず定義しておいて後でそれを利用する。以下が BMI を求める **関数定義** だ。このプログラムはファイルから読み込むことを前提としており、プロンプトや Enter キーは含めていない。以降も本書では、プロンプト・Enter キーの有無で対話モードとファイルから読み込むプログラムを区別することにする。

```
def bmi(height, weight):
    #BMIを求める関数。身長はm、体重はkgで与える
    return weight / height ** 2
```

関数の定義は必ず def から始まり、続いてその関数の名前（関数名と呼ばれる。ここでは bmi）が続く。この def は関数を定義していることを表すキーワードである。続く括弧の中身は引数である。関数は似た処理をさまざまなケースに対して行うものだから、どのようなケースなのかが指定できなければならない。引数はこのために使う変数で、今回のプログラムなら身長（height）と体重（weight）をこの順に指定するようになっている。複数の引数の間はカンマ（,）で区切る。また、引数のあとのコロン（:）も忘れてはならない。以降はその関数が実際に行う処理の内容だ。この部分で return というキーワードが現れた場合、これによって指定された計算の結果を関数全体の最終結果とし（この値を関数の返値と呼ぶ）、この関数は終了する。今回の例であれば、体重を身長の2乗で割った値を最終結果とする、と指定されている。

関数は、関数名に続けて具体的な引数を指定することで使用できる。引数は定義のときと同様、括弧の中にカンマで区切って並べる。これを関数呼出しと呼ぶ。

```
> bmi(1.67, 65) ⏎
23.306680053067517
> bmi(1.67, 60) ⏎
21.513858510523864
> bmi(1.70, 60) ⏎
20.761245674740486
```

関数を呼び出すときには引数の順番に注意してほしい。以下のような間違いは少なくない。

```
> weight = 65 ⏎
> height = 1.67 ⏎
> bmi(weight, height) ⏎
0.00039526627218934 91
```

値からしても変数名からしても、体重が 65 kg で身長が 1.67 m の人の BMI

を計算しようとしていることは明らかだ。しかし、コンピュータはそのような意図は察してくれない。関数 bmi は身長・体重の順に引数を取ると定義したので、身長が weight の値（つまり 65 m）、体重が height の値（つまり 1.67 kg）として、おかしな BMI を計算してしまっている。

もう 1 つの例として、湿度と華氏気温が与えられたときに、体感摂氏気温を計算する関数 missenard[1] を考えよう。

```
def missenard(tf, h):
  tc = (tf - 32) / 1.8
  return (tc - 0.4 * (tc - 10) * (1 - h / 100))
```

引数 tf が華氏気温、h が湿度だ。この関数は、華氏気温から摂氏気温 tc を計算し、それを使って体感気温を計算する。このように関数では複数行にわたる処理を行うこともできる。なお、このような関数でも使い方は同様だ。

```
> missenard(60, 88) ⏎
15.288888888888888
```

3.3　print 関数

対話モードでプログラムを打ち込んでいたときには、入力したプログラムの実行結果をシステムが随時表示してくれていた。しかし、関数を使う場合、関数内の処理の実行結果は表示されない。これは少々不便に思えるかもしれないが仕方ない。プログラムが何万何百万という処理を連続して行う際に、途中結果をいちいち表示していては大変なことになってしまう。似たような状況はファイルの読み込みでも起こる。.py 形式のプログラムを読み込んだ場合、その実行結果や途中経過は表示されない。

もし途中結果を表示したい場合には、プログラム中で print 関数を明示的に使う必要がある。print 関数はその引数を画面に表示する。複数の引数がある場合には、そのそれぞれを順に表示する。各要素の間にはスペースが挿入される。

---

[1] この関数名は計算式の発案者の名前に由来する。

```
> print(1 + 2)  ⏎
3
> x = 3  ⏎
> print(x, 4 * 5, x ** 2)  ⏎
3 20 9
```

文章を表示したい場合や、計算結果ではなく式そのものを表示したい場合は、表示したい内容を' または"で囲めばよい。また、表示の途中で改行したい場合には、この中に \n を含めればよい[2]。

```
> print('5+9.0','abc\nef')  ⏎
5+9.0 abc
ef
```

以上のことをふまえ、身長 167 cm、体重 65 kg の人の BMI を計算して表示する関数は以下のようなものとなる。

```
def print_bmi(height, weight):
    print('BMI:', weight / height ** 2)
```

「計算をすること」と「計算結果を画面に出力すること」はまったく異なる行為であることに注意されたい。画面への出力は人間が計算の結果や過程を確認するためには必要だが、コンピュータにとってはおおむね余計な仕事でしかない。両者の違いは以下のプログラムからも見て取れる。

```
> print(4 * 5) + 3  ⏎
20
TypeError: unsupported operand type(s) for +:
            'NoneType' and 'int'
```

画面には 4 * 5 の結果である 20 が出力されているが、しかし「『画面へ出力』という行為の結果」は 20 ではない。そのため、それに 3 を足すことはできないのだ！ このように、結果を画面に出力することは計算の本質ではなく、むしろそれ以降の計算に結果を利用しづらくなる。そのため、print を使うときは本当にそれが必要なのかよく考えたほうがよい。

---

[2] Mac で \ を入力する場合は（環境によるが）Alt キーを押しながら ¥キーを押せばよい。また、Windows の場合はそもそも \ を使わない。\n の代わりに ¥n と入力すればよい。

3.4 インデント

関数をいくつか定義したが、どの関数でも、それが実際に行う処理内容が少し字下げされていたのに気づいただろうか。この字下げは **インデント** と呼ばれ、同じインデントの部分がひとかたまりの処理として解釈される[3]。

もう少し詳しく述べる。同じインデント、またはより深いインデントの一続きのプログラム断片は1つのグループをなす。これを **ブロック** と呼ぶ。より深いインデントのブロックは、それを囲むより浅いインデントのブロックに含まれる。このように、プログラムはインデントによって定まる階層構造を持つ。

例として以下のプログラムを考えよう。

```
def foo():
  print('a')
  print('b')
print('c')
```

このプログラムは関数 foo を定義している。この関数は引数を取らない。また、結果を返す必要はないため return は省略している。さて、この関数 foo を実行した場合、何が起こるかわかるだろうか？

```
> foo() ⏎
a
b
```

見てのとおり、a と b は画面に表示されるが、c は表示されない。この理由はインデントにある。print('a') と print('b') が1つのブロックをなし、これは def foo(): が属するブロックの内部にある。つまり、これらは関数 foo の一部であり、関数 foo が呼ばれたときに実行される。一方、print('c') は def foo(): と同じブロックにあり、つまり関数 foo の外側にある。そのため、関数 foo が呼ばれても実行されないのだ。

---

[3] 実は多くのプログラミング言語では、インデントはコメントと同様プログラムを読みやすくするためだけに使われており、プログラムの動作には影響しない。Python はインデントに関してはやや珍しい言語だ。

このように、インデントはPythonでは非常に重要な役割を担っている。とはいえ心配することはない。基本的には「同じグループは同じインデントにする」「特に意味のないインデントをしない」ことを心がけて、一見して自然なインデントをしておけば、おおむね想像どおりにプログラムが動作するはずだ。あとはいろいろなプログラムを書きながら慣れていってほしい。

3.5 ライブラリ

さまざまなプログラムで有用な関数は事前に準備しておくと便利だ。このような、プログラムを書く際に有用になりそうな関数などをまとめたものを<u>ライブラリ</u>と呼ぶ。これまで使ってきた機能の中では、たとえば`print`はライブラリで提供されている関数の1つである。

ライブラリを読み込みたい場合には「`import ライブラリ名`」と記述する。例として、数学関数が多数提供されているライブラリ`math`を読み込んでみよう。

```
> import math
> math.cos(3.14)
-0.9999987317275395
> math.gcd(36, 24)
12
```

ライブラリで提供されている関数を呼び出す場合には、単に関数名を入力するのではなく「`ライブラリ名.関数名`」と記述する。ここでは余弦関数`cos`と最大公約数を求める関数`gcd`を呼び出している。なお、`cos`関数の入力は角度ではなくラジアンだ。

なお、`print`等はライブラリ読み込みの手続きを行わなくても使うことができる。このような関数は<u>組込みライブラリ</u>と呼ばれるものに含まれている。組込みライブラリは自動的に読み込まれ、その中の関数はライブラリ名を指定せずとも呼び出すことができる。

Pythonには極めて豊富なライブラリがあり、とても本書ではその全貌を説明しきれない。興味がある人はオフィシャルドキュメント[4]の「ライブラ

---
[4] https://docs.python.jp/3/index.html

リーリファレンス」[5] を参照されたい。また、これに加えて多数の非標準の
ライブラリもある。自分の目的に合うものが見つかることも多いので、いろ
いろ探してみるのもよいだろう。

3.6 【発展】値を返さない関数

関数の実行結果は return によって指定されることを学んだ。ところで、3.4
節では return を持たない関数 foo を定義した。では、この関数 foo の実行
結果は何なのだろうか。この疑問に答えるために、より極端な以下の関数 nop
を用意しよう。関数の処理内容をまったく空っぽにするとエラーとなってし
まうので、とりあえず意味のない計算だけを行うことにしている。

```
def nop():
  1 + 2
```

nop の実行結果は何になるだろうか。

```
> nop() ⏎
> print(nop()) ⏎
None
```

nop の実行結果はない。そのため実行しても何も表示されない。実は Python
には「結果がない」ことを表す値があり、それが None だ。普段は表示され
ないので意識されないが、print 関数をあえて使ったりすると見ることがで
きる。

nop に限らず、return を経ずに終了した関数の結果は None だ。代表例は
print 関数だ。実際、3.3 節で「print(4 * 5) の実行結果」は 20 という値
ではないことを確認したが、この際のエラーメッセージは「NoneType に属す
る値（である None）と int（整数）に属する値（である 3）を+で足し合わせ
ることはできない」という内容だったのだ。

---

[5] https://docs.python.jp/3/library/index.html

3.7 【発展】変数のスコープ

関数と変数を両方使うと、変数がうまく働いていないように思えることがある。以下の例を考えよう。

```
def inc(x):
    x = x + 1
```

関数 inc は変数 x の値を 1 増やすものに思える。試しに動かしてみよう。

```
> x = 10
> inc(x)
> x
10
```

見てのとおり、x の値は変化しない。なぜだろうか？

実は、「定義した変数がプログラム中のどこからどこまで有効なのか」（これを変数の <u>スコープ</u> と呼ぶ）がこの状況を理解する鍵になる。Python の変数スコープの規則は少々複雑だが、以下ようなものだと認識していればおおむね間違いはない。なお、より詳しい説明は付録 A.2 にある。

> ある関数内では、その関数で定義した変数のみが使える。関数内で定義した変数は関数外では使えないし、関数外で定義した変数も関数内部では使えない。[6]

関数 inc について考えてみよう。inc はこれの引数として x を定義している。まず大前提として、この引数 x はその外側で使われている x とはまったく関係ない、新たな変数だ。同姓同名の別人だと思えばよい。先ほどのルールにより、この引数 x は inc 中でのみ有効だ。また同時に、inc の外の世界での x は inc の中では有効ではないので、この値を inc 中で変更することはできない。そのため、inc 内で x の値を増やしても、これは inc の外の世界での x にはまったく影響が及ばない。

---

[6] 正確には、その関数の外側で定義した変数も、変数値を変更しなければ参照することはできる。しかし、慣れないうちは混乱することも多いのでこの機能を使わないことをお薦めする。

3.8 学んだことのまとめ

本章で学んだことをまとめておこう。

関数は同じ処理を何度も行う基本的な機構である。

関数の使い方

- 「def 関数名 (引数名 1, ..., 引数名 n):　」と記述することで、指定された名前の関数を定義することができる。この関数は n 個の引数をこの順に取る。

- 続けて、インデントをした上で、その関数が呼び出された際に行う処理を記述する。この処理の内容は引数に依存してよい。

- 関数の処理中に return が現れた場合、return で指定された計算の結果をその関数の返値として、その関数はそこで処理を終了する。

- 関数を呼び出す際には、関数名 (引数 1, ..., 引数 n) と関数名に続けて引数を適切な数だけ適切な順番に渡す。

関数を使う場合などで実行結果などを画面に出力するには print 関数を使う。

Python には豊富なライブラリがあり、インポートすることで使うことができる。ライブラリをインポートしたい場合には「import ライブラリ名」と記述する。ライブラリで提供されている関数を呼び出す場合には「関数名」の代わりに「ライブラリ名.関数名」と記述する。

練習問題

練習問題 3.1. 以下の関数 square を実行してみたところ、画面に「end of square」と表示されなかった。理由を説明せよ。

```
def square(x):
  return x * x
  print('end of square')
```

練習問題 3.2. math ライブラリを使い、以下の値を求めよ。ただし、正弦関数は math.sin、円周率は math.pi、自然対数関数は math.log として提供されている。

- $\cos(\pi/2)$
- $\log 2$
- $\sin(\pi/3)\cos(2\pi/3) + \cos(\pi/3)\sin(2\pi/3)$

練習問題 3.3. 初項 a、公比 r の等比数列の初項から第 n 項までの和は $a(r^n-1)/(r-1)$ で求められる。これを計算する関数 ex3_3 を定義せよ。この関数は a、r、n をこの順に引数として取るものとする。以下は $a=1$、$r=0.5$、$n=20$ の場合の実行例である。

```
> ex3_3(1, 0.5, 20) ⏎
1.9999980926513672
```

練習問題 3.4. 地震の震源までの距離 d を、P 波の速度 v_p、S 波の速度 v_s、初期微動時間 t から求める関数 ex3_4 を定義せよ。なお計算式は練習問題 2.6 にある。この関数は v_p、v_s、t をこの順に引数として取るものとする。以下は $v_p = 6\,\mathrm{km/s}$、$v_s = 3\,\mathrm{km/s}$、$t = 2.0$ 秒の場合の実行例である。

```
> ex3_4(6, 3, 2.0) ⏎
12.0
```

練習問題 3.5. 練習問題 3.4 で定義した関数 ex3_4 を使い、P 波の速度が $v_p = 6\,\mathrm{km/s}$、S 波の速度が $v_s = 3\,\mathrm{km/s}$ のとき、初期微動時間 t から震源までの距離 d を求める関数 ex3_5 を定義せよ。以下は $t = 2.0$ 秒の場合の実行例である。

```
> ex3_5(2.0) ⏎
12.0
```

練習問題 3.6. 変数 a と変数 b から、それらの相加平均 $(a+b)/2$ と相乗平均 $\sqrt{ab}$ を求め、以下のように出力する関数 ex3_6 を定義せよ。この関数は a と b をこの順に引数として取るものとする。以下は $a = 18.0$、$b = 8.0$ の場合の実行例である。

```
> ex3_6(18.0, 8.0) ⏎
A = 18.0 B = 8.0
Arithmetic mean: 13.0
Geometric mean: 12.0
```

練習問題 3.7. 角度をラジアンに変換する関数 ex3_7 を作れ[7]。変換式は（ラジアン）= $2\pi \times$（角度）/ 360 である。以下は 60 度の場合の実行例である。

```
> ex3_7(60) ⏎
1.0471975511965976
```

練習問題 3.8. 練習問題 3.7 で定義した関数 ex3_7 を使い、角度 θ が与えられたときに $\sin\theta$ を計算する関数 ex3_8_sin と $\cos\theta$ を計算する関数 ex3_8_cos を定義せよ。以下は $\theta = 60$ 度の場合の実行例である。

```
> ex3_8_sin(60) ⏎
0.8660254037844386
> ex3_8_cos(60) ⏎
0.5000000000000001
```

練習問題 3.9. 練習問題 3.8 で定義した関数 ex3_8_sin と ex3_8_cos を使い、原点を中心に点 (x, y) を θ 度回転して得られる点の x 座標を返す関数 ex3_9_x と y 座標を返す関数 ex3_9_y を定義せよ。なお、回転して得られる点の座標は $(x\cos\theta - y\sin\theta, x\sin\theta + y\cos\theta)$ である。これらの関数は x、y、θ をこの順に引数として取るものとする。以下は点 $(2,1)$ を 60 度回転する場合の実行例である。

```
> ex3_9_x(2, 1, 60) ⏎
0.13397459621556163
> ex3_9_y(2, 1, 60) ⏎
2.232050807568877
```

---

[7] 実は math ライブラリの math.radians 関数として提供されている。

第 4 章
データ処理の基本：成績の集計

　コンピュータを使いたくなる典型例は大量のデータを処理するときだ。人間だと数百件もやればクタクタになってしまうだろうが、コンピュータなら1万件でも10万件でも疲れることも飽きることもなく処理してくれる。
　本章では、コンピュータに多量のデータを処理させる方法を学ぶ。本章の内容は普遍的に使えるもので、実際以降の章でも使う。が、具体的な例があったほうがわかりやすいので、とりあえず以下のような状況を考えよう。あなたはある試験の結果を集計し、受験者全体の平均点や標準偏差、また成績上位者の成績などを調べたい。しかし、受験者は数千人いるため、人手での集計は面倒だ。プログラムを書くことでこの問題を解決できないだろうか？

4.1　配列：多くのデータをひとまとめに

　まず最初に考えるべきは、私たちが処理したいものをコンピュータ内で表現することだ。コンピュータは「各受験生の答案用紙」のような現実の物体ではなく、電子的なデータを処理対象としている。そのため、現実の物体は必ず電子的なデータとして表現し直さなければならない。今回私たちが表現したいのは受験生たちの成績だ。とりあえず知りたいのは平均点や成績上位者の成績などだから、各人については単に点数がわかればよく、他の情報、たとえば氏名や受験番号は無視してよさそうだ。要するにたくさんの点数をコンピュータ内で表現できればよいとしよう。

4.1. 配列：多くのデータをひとまとめに

点数は数値だから変数を用いるというのは素直な発想だ。たとえば 1 人目の受験生の点数は変数 score1 で、2 人目の点数は score2 で……というやり方は不可能ではない。しかし、これをやろうとすると、たとえば受験生が 5000 人なら 5000 個の変数を用意しなければならない。これは現実的ではないだろう。このことからわかるのは、今回表したいデータは「点数」ではなく「たくさんの点数」であり、量が多いということが本質的な難しさをもたらしているということだ。

前にも述べたが、プログラミングは人間が楽をするためのものなので、多くの人が必要とするような機能は提供されていることが多い。「たくさんの○○」を表現する方法も提供されている。いくつかの方法があるが、今回は配列[1]というものを使おう。

配列はたくさんのデータが 1 列に並んだものだ。最初の要素が 0 番目、次の要素が 1 番目……となっていて、指定した番目の要素を読み出したり書き換えたりすることができる。まずは例を見てみよう。

```
> a = [8, 5, 3, 2, 4] ⏎
> a[0] ⏎
8
> a[3] ⏎
2
```

ここでは配列 a を定義している[2]。その中身は、8、5、3、2、4 がこの順に並んだものだ。四角括弧（[ ]）は 8, 5, 3, 2, 4 という数の並びが配列をなしていることを表している。a[0] というのは配列 a の 0 番目の要素、つまり先頭の要素を表す。もちろん、それは 8 だ。同様に、a[3] は配列 a の 3 番目の要素である 2 を表す。

配列の各要素は変数とほとんど同様に扱うことができ、たとえば中身を書き換えることもできる。

---

[1] Python では「配列」ではなく「リスト」と呼ぶが、同様の機能を他の言語では「配列」と呼ぶことが多いので、本書でもその習慣にならうことにする。Python のリファレンスマニュアルなどを参考にするときは、適宜「リスト」と読み替えてほしい。
[2] 正確に言えば、配列を作成し、それを値とする変数 a を定義している。

```
> a = [8, 5, 3, 2, 4] ⏎
> a[2] = 10 ⏎
> a ⏎
[8, 5, 10, 2, 4]
```

　この例では、2行目で配列aの2番目の要素を10に書き換えている。結果、aは8、5、10、2、4がこの順に並んだ配列となっている。なお、先頭要素が0番目であることに注意してほしい。

　配列に対しては他にもさまざまな処理が可能だ。特に重要なものとして配列の長さを求めるlen関数を覚えておこう。

```
> a = [8, 5, 3, 2, 4] ⏎
> len(a) ⏎
5
> b = [1, 1, 1] ⏎
> len(b) ⏎
3
> len([1, 2, 3, 5]) ⏎
4
```

　以降しばらくの間、試験は1科目だけしかなく、その科目の点数の配列として受験生の成績が表されているとする。たとえばAさんが82点、Bさんが74点、Cさんが94点、Dさんが52点、Eさんが66点、Fさんが43点であれば、データとしては [82, 74, 94, 52, 66, 43] というものとなる。複数の科目、たとえば英語・数学・国語・理科・社会、からなる試験のほうがより現実的な状況だが、そのような場合については後ほど4.9節で考えよう。

4.2　点数の総和と平均

　受験生の成績が点数の配列として手に入ったとしよう。このとき、平均点を計算するためにはどうすればよいだろうか？

　まずは簡単な場合として、受験生が3人だけの場合を考えてみよう。このときのプログラムは難しくない。

4.2. 点数の総和と平均

```
def average(scores):   #scores が成績の配列
  s = scores[0] + scores[1] + scores[2]
  return s / 3
```

成績の配列 scores が与えられたとして、受験生が 3 人だけであれば、各人の成績はそれぞれ scores[0]、scores[1]、scores[2] に格納されているはずだ。よってそれらの総和を求め、3 で割ればよい。総和を求めて人数で割る、というアプローチはよいが、残念ながらこのやり方で 5000 人の成績の総和を求めるのは現実的ではない。「たくさんの点数」を扱うために配列を導入したのと同様に、「たくさんの処理」を行うには新たな機能が必要そうだ。

総和を求めるには各点数をすべて足し合わせればよい。このとき、**データはたくさんあるが、各データに対して行うべきことはほとんど同じだ**。このように、多量のデータにほぼ同じ処理をする、というのはコンピュータで典型的な処理なので、これをサポートする機能がある。それが <u>for 文</u> だ。まずは例を見てみよう。

```
def total(scores):   #scores 中の成績の総和を求める
  s = 0
  for i in range(0, len(scores)):
    s = s + scores[i]
  return s
```

for 文では状況を少しずつ変えながら何度も処理を行う。よって「どのような状況で（たとえば何回）繰返しを行うか」と「どのような処理が繰り返し行われるか」が重要だ。

まず最初に、for と in という 2 つのキーワード（およびコロン :）を使って「どのような状況で繰返しを行うか」を指定する。今回の場合、どのような状況に対して何回処理するかは range 関数で指定している。$\mathrm{range}(m,n)$ は m から $n-1$ までの $n-m$ 回繰り返すことを表す。各繰返しで少しずつ異なる処理をするためには、現在どのような（たとえば何回目の）繰返しなのかがわかると望ましい。今回の場合、変数 i がこの用途に使われている。$\mathrm{range}(m,n)$ の場合、i の値は m から $n-1$ まで順に変化する。今回のプログラムの場合、たとえば score の要素数が 100 なら 0 から 99 まで変化することになる。

次に、「繰り返し行われる処理」をインデントしつつ記述する。今回であれば、iの値それぞれに対し、`s = s + scores[i]` を計算することになる。つまり、sの値は最初0から始まり、`scores[i]` の値が順次足し込まれてゆく。よって、forの繰返しが終わったときには、sには scores のすべての要素の値が足し込まれていることになる。なお、`return s` は `s = s + scores[i]` とはインデントが違うので繰返し中では行われないことに注意されたい。

例として`total([31, 22, 47])`を考えてみよう。実行結果は100だ。

```
> total([31, 22, 47]) ⏎
100
```

これは以下のような手順で求めている。

1. まずsを0としてforの繰返しを始める。
2. iの値を0として最初の繰返しを行う。sに`scores[0]` = 31が足され、sの値は31となる。
3. iの値を1として2回目の繰返しを行う。sに`scores[1]` = 22が足され、sの値は53となる。
4. iの値を2として3回目の繰返しを行う。sに`scores[2]` = 47が足され、sの値は100となる。
5. range関数で指定された内容の繰返しを行ったので、for文の処理は終了する。total関数の結果としてはsの値である100が返される。

totalが定義できたので、平均値を求める関数averageを定義するのは簡単だ。

```
def average(scores):   #scores中の成績の平均を求める
  return total(scores) / len(scores)
```

4.3　テストによる結果の確認と可視化

平均値を求めるプログラムを作ったわけだが、このプログラムは正しいだろうか？　今まで書いてきたプログラムとは異なり、今回作ったプログラム

は平均値の定義そのものというわけではない。数学や統計学で平均値を定義するときには for 文は登場しないのだから。

これは非常に重要な疑問だ。より一般に、プログラムが書けたときには必ず以下の 2 点を確認する習慣を持ちたい。

- このプログラムは正しいか？

- このプログラムは結果を求めるのにどれくらいの時間を要するか？

かなり熟達したプログラマであっても、作り上げたプログラムが間違っていることはよくある。むしろ、熟達したプログラマは、正しいプログラムを作ること以上に、**間違いを発見し修正する能力**に優れているものだ。プログラムに間違いは多かれ少なかれ必ずあるので、少しプログラムを作るたびに出来上がった部分の正しさを確認し修正してゆくのが、プログラミングにおけるよい習慣となる。また、プログラムの動作速度も非常に重要だ。正しい答えを返すが動作に数年かかるようなプログラムは、実質的には正しく動作しないのと同じだからだ。

まずは正しさを確認しよう。最も基本的な方法は **テスト** だ。テストとは、正しい結果のわかっている入力を与えてみて、得られる結果が正しいかどうか確認する方法だ。

```
> average([0, 0, 0]) ⏎
0.0
> average([3, 3, 3, 3]) ⏎
3.0
> average([1, 2, 3, 4, 5]) ⏎
3.0
> average([]) ⏎
ZeroDivisionError: division by zero
```

比較的簡単なものから順に、平均値がわかっている配列をいくつか入力して average 関数をテストしてみた。最初の 3 つのケースについては正しい結果を求めていることがわかる。最後のケースについてははどうだろうか。このケースでは、1 人も受験者のいない試験の平均点を計算してエラーになっている。実際このようなケースでは平均点は決められないのだから、エラーとい

う結果が正しいと言えるだろう。テストにおいては、このような、うまく動かない可能性がありそうなきわどいケース（テストの文脈では<u>コーナーケース</u>と呼ぶ）を試しておくのも重要になる。

もう 1 つの重要な方法は<u>可視化</u>だ。可視化では、計算の過程や結果を目に見えるような形で、たとえばグラフや画像、動画などで表現し、おかしなことが起こっていないか視認する方法だ。今回は可視化をするため、本書のための補助ライブラリである ita[3] の中に含まれる ita.plot.plotdata 関数を使ってみよう。

```
> data = [15, 12, 28, 16, 31, 22, 29, 20] ⏎
> average(data) ⏎
21.625
> import ita ⏎
> ita.plot.plotdata(data) ⏎
```

ita.plot.plotdata 関数は、与えられた配列の各要素がどのようなものであるかをグラフで表示する（図 4.1）。グラフからすぐに正確な平均値を見て取ることはできないが、おおむね平均値が 20 少々であることは確認できるだろう。可視化は多量のデータに対しておおむね正しい結果であることを確認する際などには特に便利だ。

次に動作速度を確認する方法を考える。すぐに思いつくのは、テストと同様にさまざまな入力を試してみる方法だ。この方法は簡便ではあるのだが、少々リスキーでもある。問題のない速度で動作した場合はよいのだが、残念ながら遅いプログラムだった場合、テストした入力に対して結果が返ってこなくなってしまう。適当な時間、たとえば 1 秒、と上限を定め、その時間経っても結果が返ってこない場合には強制終了するような方法もあるが、上限をどの程度にすればよいかを考えなければならないなど、少々面倒だ。

よりお薦めなのは、どんな入力に対してどの程度動作が遅くなる可能性があるかを理論的に見積もる、という方法だ。例として average 関数を考えよう。average 関数は total 関数の結果を scores の長さで割る。長さによる割り算にそれほど大した時間がかかるとは思えないから、average 関数の実行時間の大部分は total 関数の実行時間だろう。total 関数の主な処理は足

---

[3] ita ライブラリを読み込むと ita.plot など複数のライブラリが自動的に読み込まれる。

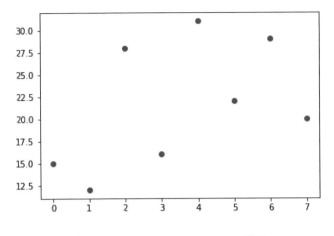

図 4.1　ita.plot.plotdata の結果

し算を scores の要素数回繰り返すことだ。つまり、total 関数、ひいては average 関数の実行時間は、おおむね scores の要素数に比例すると言える。

この見積もりをした後にテストをすれば、実行時間についてかなり頑健な見積もりが得られる。たとえば、1000 要素の場合をテストすれば、1100 要素についても大差ない実行時間だろうし、1 万要素、ひいては 10 万要素処理するのにかかる時間もだいたい見当をつけることができる。

4.4　【発展】for 文についてもう少し

total 関数では for 文での繰返しの範囲を range 関数で与えた。このパターンだけ習得しておけばほとんどのケースに対処できるのだが、for 文では他にもさまざまな書き方が可能だ。

よく使うのは、range に 1 つだけ数値を指定するパターンだ。この場合、0 から指定された値 −1 までの繰返しとなる。つまり、以下の total 関数は先ほど定義した total 関数と実質的に同じプログラムだ。

```
def total(scores):    #scores 中の成績の総和を求める
  s = 0
  for i in range(len(scores)):
    s = s + scores[i]
  return s
```

このパターンは、0 から繰返しを始めたい場合はもちろん、指定した回数繰返し処理を行うことさえできれば十分な場合にも使える。

より一般的には、`for` 文の `in` の後には「順番に処理することができる」ものであれば何でも指定できる。たとえば、配列を指定することもでき、その場合には先頭要素から順に末尾の要素まで処理が行われる。つまり `total` 関数は以下のようにも記述できるのだ。

```
def total(scores):    #scores 中の成績の総和を求める
  s = 0
  for x in scores:
    s = s + x
  return s
```

なお、`range` 関数も指定された範囲の値を順番に並べた配列のようなものを作っている。実は、`for` 文の挙動をさまざまな種類のもので指定できているのは **オブジェクト指向** の恩恵の 1 つだ。オブジェクト指向については 6.4 節で説明する。

4.5 分散の計算と誤差

平均値の次は分散を求めよう。入力を $X = \{x_0, x_1, \ldots, x_{n-1}\}$、$X$ の平均値を $E(X)$ とする。X の分散 $V(X)$ を求める方法にはよく知られたものが 2 種類ある。

$$
\begin{aligned}
V(X) &= \left(\sum_{i=0}^{n-1} (x_i - E(X))^2 \right) / n \\
&= \left(\sum_{i=0}^{n-1} x_i^2 \right) / n - E(X)^2
\end{aligned}
$$

ここでは両方の方法を試してみよう。

4.5. 分散の計算と誤差

まずは平均値との差の 2 乗の平均値を求める方法だ。プログラムの基本的な構造は average 関数と同じでよい。また、平均値の計算には average 関数を使うことができる。

```
def variance1(scores):   #scores 中の成績の分散を求める
  s = 0
  ave = average(scores)
  for i in range(0, len(scores)):
    s = s + (scores[i] - ave) ** 2
  return s / len(scores)
```

次に 2 乗の平均値と平均値の 2 乗の差を求める方法だ。こちらもプログラムの構造はほとんど同じだ。

```
def variance2(scores):   #scores 中の成績の分散を求める
  s = 0
  for i in range(0, len(scores)):
    s = s + scores[i] ** 2
  return s / len(scores) - average(scores) ** 2
```

さて、プログラムが出来上がったのでテストをしてみよう。

```
> test1 = [0.1, 0.3, 0.5, 0.7, 0.9] ←
> variance1(test1) ←
0.08
> variance2(test1) ←
0.07999999999999996
> test2 = [0.11, 0.09, 0.11, 0.09, 0.11, 0.09] ←
> variance1(test2) ←
0.00010000000000000005
> variance2(test2) ←
9.99999999999994e-05
```

驚くべきことに variance1 と variance2 の計算結果は異なっている。どちらが正しいのだろうか？ test1 については、正確な分散は 0.08 なので、variance1 が正しく variance2 が間違っている。test2 については、正確な分散は 0.0001 でありどちらも計算結果は間違っている。

この原因は 2.3 節で説明した<u>誤差</u>だ。小数を使う以上誤差は避けることができないのだ。幸運にして、今回テストした例では誤差はあまり大きくはな

く、プログラムはおおむね正しいと判断してよさそうに見える。しかし、話はそれほど単純ではない。実は誤差が比較的大きくなる場合もあるのだ。

```
> x = 10 ** 5  ⏎
> variance2([x + 0.1, x - 0.1, x + 0.1, x - 0.1])  ⏎
0.009998321533203125
> x = 10 ** 7  ⏎
> variance2([x + 0.1, x - 0.1, x + 0.1, x - 0.1])  ⏎
0.0
```

どちらも正確な分散は 0.01 のはずだ。しかし、$x = 10^5$ の場合では 0.000002 程度のかなり大きな誤差が出ている。$x = 10^7$ の場合に至っては、もはや誤差どころではなく間違った結果が得られてしまっている！

本当にこれらのプログラムは正しいのだろうか？ どの程度の誤差が出るのだろうか？ 誤差の原因は？ variance1 と variance2 のどちらのほうが誤差が小さくなるのか？ さまざまな疑問は残るが、誤差の大きさの予想や解析はかなり難しい。これ以上の深追いは現時点ではあまり建設的でない。現時点で把握しておくべきことは以下の 3 点だ。

- 小数の計算には原則として誤差がある。たとえば 0.1 * 3 - 0.3 の結果が 0.0 になると期待してはいけない。

- 誤差は多くの場合にはそれほど大きくない。普通は小数点以下の非常に下の方の桁がいくらかおかしくなるだけだ。

- 誤差が非常に大きくなる場合もある。そのため、特に誤りの許されない分野で使う場合には、誤差は小さいだろうと楽観することはできない。

なお、誤差の詳しい理由や、誤差が大きくなる典型的な場合などについては、後ほど 9.5 節で考える。

最後に、variance1 と variance2 の実行時間を見積もっておこう。どちらも主要な処理内容は average の計算が 1 回と scores の各要素に対する繰返しだ。average の実行時間は scores の要素数に比例していた。そして、scores の各要素に対する繰返しにかかる時間も scores の要素数に比例する。よって、variance1 と variance2 の実行時間はともに scores の要素数に比例することがわかる。つまり、どちらかが顕著に速いということはない。

4.6 最高点の計算

　今度は最高成績が何点かを求めることにしよう。ちょっと考えると、このプログラムも平均や分散の場合と同じように作ることができそうだ。平均値の計算では各要素を足し込んでいって総和を求めたが、今度は代わりに各要素を比較していって一番大きなもの見つければよい。そうすると、プログラムは以下のようなものになりそうだ。なお、以下で用いる `larger` は与えられた2数のうち大きい方を返す関数で、とりあえず利用できると思っておこう。

```
def maximum(scores):    #scores 中の最高成績を求める
  m = ??
  for i in range(0, len(scores)):
    m = larger(m, scores[i])
  return m
```

　このプログラムでは、`??` の部分をどうするかが問題になる。試験の点数であれば最低点が0点だとわかっているので0としておけばよさそうだ。しかし、最低値がいくつかわからないようなケースでは0にすることはできない。負の値のみからなる配列、たとえば [-2, -5, -3] に対する結果が0になるのはおかしいからだ。解決法はいくつかあるが、簡便なのは適当な要素を1つ scores から拝借するものだ[4]。

```
def maximum(scores):    #scores 中の最高成績を求める
  m = scores[0]
  for i in range(1, len(scores)):
    m = larger(m, scores[i])
  return m
```

　このプログラムでは、最初 `scores[0]` から始め、`scores[1]` 以降の要素をそれと順に比較して最大値を見つけている。こうすることで最低点がわからなくても安全に最高点を求めることができる。`range` が1から始まっていることに特に注意してほしい。

---

[4] 他にも、たとえば `math` ライブラリで定義されている無限大である `math.inf` を使い `m = -math.inf` とする方法などがある。

さて、ここまでは larger が利用できるとして話を進めてきた。次は larger のプログラムを作ってみよう[5]。larger は 2 つの引数のうち 1 つ目が大きければ 1 つ目を、2 つ目が大きければ 2 つ目を返す。つまり、状況によって処理を変えなければならない。このようなプログラムを書くためには <u>if 文</u> を使う。

```
def larger(x, y):   #xとyの大きい方を返す
  if x > y:
    return x
  else:
    return y
```

if 文は、状況を確認するための条件を直後に伴う。今回なら x > y というのがその条件だ。この条件が成り立つ場合には直後の処理を行う。今回の例であれば x を返値として関数を終了する。一方、条件が成り立たない場合、else 以下に指定された処理、つまり y を返値として関数を終了、を行う。どちらか片方の処理だけしか行われないことに注意されたい。なお、いずれの処理も、インデントによってその範囲が特定される。また、if の後だけでなく else の後にもコロン : が必要だ。忘れやすいので気をつけてほしい。

まずは larger 関数の正しさをテストしておこう。

```
> larger(3, 5)
5
> larger(12, -6)
12
> larger(-8, -3)
-3
> larger(0, 0)
0
```

larger 関数は正しそうだ。次に関数 maximum の正しさを確認するためにテストしてみよう。

---

[5] 実は larger の代わりに組込み関数 max を使うことができる。これならば if 文を用いる必要はない。

```
> maximum([3,1,2,5,2])
5
> maximum([-1,-1,-1])
-1
> maximum([])
IndexError: list index out of range
```

最初 2 つのテストから、maximum はおおむね正しい値を返しそうなことがわかる。最後のケースはエラーだが、誰も受けていない模試の最高点数を考えることには意味がないから、これもエラーでよさそうだ。

最後に maximum 関数の実行時間を見積もろう。理屈は平均・分散のケースとほとんど同じだ。入力要素数を n とすると、maximum は $n-1$ 回繰返しを行い、繰返しの中で実行する larger 関数には大した時間はかからない。つまり maximum の実行時間は $n-1$ に比例する。私たちが興味があるのは入力要素数が多い場合だから（受験者が少ないならそもそもコンピュータに任せる必要はない）、おおむね入力要素数に比例する実行時間だと思えばよいだろう。

ここまで、最高成績を求めるという問題を以下の 2 つの部分に分解して取り組んだことになる。

(a) 2 つの成績の大きい方を見つける処理（larger）

(b) 上の処理を繰り返し、全体での最大を見つける処理

見てきたように、処理 (b) だけでも考えるべきことは少なからずあった。これを処理 (a) と分離できたことで、話はだいぶ単純になっていたのだ。また、テストも 2 段階に分けて行った。もし larger 関数が間違っていた場合、larger 関数だけのテストでそれに気づくことができる。すると、maximum 関数のことは一旦忘れて、larger 関数の間違いを探せばよいことになる。これは、プログラム全体から間違いを探すのに比べればはるかに簡単だ。このように、複雑なプログラムを作る場合には、全体をまるまる扱うのではなく、細かい処理の集まりに分解するのが定石だ。

4.7 さまざまな if 文

if 文にはいくつかのバリエーションがある。代表的な 2 つを紹介しておこう。

else を伴わない if 文

以下の関数 abs_val は与えられた数の絶対値を返す[6]。

```
def abs_val(x):   #x の絶対値
  if x < 0:
    x = -x
  return x
```

```
> abs_val(-3) ⏎
3
> abs_val(10) ⏎
10
> abs_val(0) ⏎
0
```

この場合、入力 x が負の場合は符号を反転させる必要があるが、それ以外の場合には何もせず x をそのまま返してよい。このように、条件が成り立たなければ何もしなくてよい場合、else の部分を省略することができる。

elif を伴う if 文

以下の関数 sign は与えられた数が正なら 1、負なら −1、ゼロなら 0 を返す。

```
def sign(x):   #x の符号を 1, -1, 0 で返す
  if x > 0:
    return 1
  elif x < 0:
    return -1
  else:
    return 0
```

---

[6] 絶対値を返す関数は abs 関数として組込みライブラリに含まれている。

表 4.1　比較のための代表的な記号

記号	意味
==	両辺が等しいとき True
!=	両辺が等しくないとき True
>	左辺が大きいとき True
<	右辺が大きいとき True
>=	左辺が大きいか等しいとき True
<=	右辺が大きいか等しいとき True

```
> sign(-3) ⏎
-1
> sign(10) ⏎
1
> sign(0) ⏎
0
```

今度は3つの場合を区別しなければならない。`if`を繰り返し記述してもよいが、`elif`を使うことで簡潔なプログラムにできる。`elif`は`if`と`else`を合わせたようなもので、そこまでの`if`の条件に適合せず、しかもその直後の条件を満たす場合に、直後の処理を行う。この場合には、最後の`else`はどの条件にも適合しなかった場合に処理が行われる。

4.8　真偽値

`if`文の条件としてはさまざまなものが利用できるが、典型的なものは大小比較だ。表 4.1 に代表的な比較の記号をまとめた。基本的には数学で使われる記号を模しているのだが、キーボードから入力できる記号に限りがあるため、ほとんどは数学とは少し異なっている。特に、値が等しいかどうかを確認する「`==`」は、変数や配列の値を決めるために使う「`=`」と非常に混同しやすいのでよく注意してほしい。

表 4.1 中の説明には「True」というものが現れる。実は、これらの記号は**真偽値**と呼ばれる値を計算するものだ。整数や小数は無数の値を含むのに対し、真偽値は「True（真）」「False（偽）」というたった2つだけの値からな

表 4.2　条件を組み合わせるための代表的な記号

記号	意味
not	与えられた条件の真偽を反転する
and	両辺の条件がともに True のときのみ True
or	両辺の条件がどちらか 1 つでも True ならば True

る。True は条件が成り立っている状況に、False は条件が成り立っていない状況に対応する。

```
> 1 == 2
False
> 1 < 2
True
```

複数の値を一度に比較することもできる。

```
> 1 == 1 == 1
True
> 1 < 2 <= 5
True
> 0 >= 0 > 1
False
```

さらに、真偽値に対して計算をすることもできる。表 4.2 に真偽値計算のための記号をまとめた。

```
> (1 == 2) or (1 < 2)
True
> (1 == 2) and (1 < 2)
False
> not (1 == 2) and (1 < 2)
True
```

さて、これらを使って Fizz Buzz と呼ばれるゲームのプログラムを書こう。Fizz Buzz では各参加者が 1 から順に数値を読み上げていくのだが、3 で割り切れる数の場合は数値の代わりに Fizz、5 で割り切れる場合は Buzz、両方で割り切れる場合は Fizz Buzz と発言する。ここでは、与えられた数値に対し、適切な発言を返す関数を作ろう。

```
def fizzBuzz(n):
  if n % 3 == 0 and n % 5 == 0:
    print('Fizz Buzz')
  elif n % 3 == 0:
    print('Fizz')
  elif n % 5 == 0:
    print('Buzz')
  else:
    print(n)
```

この関数は、与えられた数が3で割り切れる（つまり3で割ったあまりが0である）か、5で割り切れるかどうかを確認し、割り切れる場合は適切な出力を行い、それ以外のケースでは入力をそのまま出力する。

```
> fizzBuzz(0) ⏎
Fizz Buzz
> fizzBuzz(1) ⏎
1
> fizzBuzz(2) ⏎
2
> fizzBuzz(3) ⏎
Fizz
> fizzBuzz(4) ⏎
4
> fizzBuzz(5) ⏎
Buzz
> fizzBuzz(28) ⏎
28
> fizzBuzz(29) ⏎
29
> fizzBuzz(30) ⏎
Fizz Buzz
```

4.9 さまざまな試験科目がある場合

さて、ここまでは試験が1科目だけの場合を考えてきた。今度は複数の科目、たとえば英語・数学・国語・理科・社会科、がある場合を考えよう。

まずは試験の情報をコンピュータで処理するデータとして表現しなければならない。このために、まず「英語・数学・国語・理科・社会科がある試験でのある人の成績」を考えてみよう。この場合なら配列を使うのが自然に思える。たとえば英語が93点、数学が62点、国語が81点、理科が75点、社会科が56点なら[93, 62, 81, 75, 56]という配列で表せばよい。では、このような成績がたくさんあったらどうすればよいだろうか。自然な考えとして、「『その各要素が1人分のデータ』の配列」を作ればよいとは考えられないだろうか。つまり「配列の配列」を使う、ということだ。

プログラムの中で「配列の配列」を考えるのは不自然なことではない。むしろ、**2次元配列**と呼ばれる頻出パターンである。具体例として、以下の表のような成績を考えよう。

	英語	数学	国語	理科	社会科
Aさん	93	62	81	75	56
Bさん	98	72	84	84	99
Cさん	81	31	99	93	53
Dさん	11	39	57	17	63
Eさん	38	96	18	39	24
Fさん	82	42	61	96	50

このデータは以下の2次元配列として自然に表現できる。

```
> scores = [[93, 62, 81, 75, 56],
            [98, 72, 84, 84, 99],
            [81, 31, 99, 93, 53],
            [11, 39, 57, 17, 63],
            [38, 96, 18, 39, 24],
            [82, 42, 61, 96, 50]]
```

各要素、つまり各行がそれぞれAさんからFさんまでに対応しており、各行の配列では各要素がそれぞれ英語から社会科までの点数に対応している。

2次元配列の要素はどうやれば取り出せるだろうか？ 2次元配列とは要するに配列の配列だから、2回データを取り出せばよい。たとえば、scoresが成績データだとすると、scores[2]とすれば2人目のデータが得られる（配列なので0人目から数え始めることに注意されたい）。よって、たとえばscores[2][1]とすれば、2人目の1番目の科目の成績が手に入ることになる。

```
> scores[2]  ←
[81, 31, 99, 93, 53]
> scores[2][1]  ←
31
> scores[0]  ←
[93, 62, 81, 75, 56]
> scores[0][2]  ←
81
```

2次元配列は各要素が配列であるだけで、原則としては単なる配列と変わりはない。たとえば scores に対する len 関数は人数を返す。scores[0] に対する len 関数は 0 人目の受けた科目数を返す。

```
> len(scores)  ←
6
> len(scores[0])  ←
5
```

それでは、このデータに対する処理を考えよう。まず全科目の成績のなかの最高点を求めることを考える。考え方は maximum と同じだが、ただの配列ではなく 2 次元配列の要素を調べなければならない。ただの配列の要素は for 文で処理できたのだから、2 次元配列ならば 2 重の for 文を使えばよい。

```
def maximum2d(scores):
  m = scores[0][0]
  for i in range(0, len(scores)):
    for j in range(0, len(scores[i])):
      m = larger(m, scores[i][j])
  return m
```

1 つ目の for 文は各人についての繰返しを表す。2 つ目の for 文では各科目についての繰返しを表す。インデントにより、2 つ目の for 文が 1 つ目のものの内部にあることに気をつけておこう。よって、最終的には、各人の各科目の成績 scores[i][j] について、最も大きいものを larger 関数で求めていることになる。

動作を確認するため、先ほどの scores などについてテストしてみよう。

```
> maximum2d(scores) ⏎
99
> maximum2d([[0,0],[0,0]]) ⏎
0
```

もう1つ例を考えてみよう。今度は、各人が最高得点を取った科目の点数の平均点を求めてみよう。たとえば、上記のデータであれば、Aさんは英語の93点、Bさんは社会科の99点、Cさんは国語の99点、Dさんは社会科の63点、Eさんは数学の96点、Fさんは理科の96点なので、平均は91点となる。

```
def average_max(scores):
  s = 0
  for i in range(0, len(scores)):
    m = scores[i][0]
    for j in range(1, len(scores[i])):
      m = larger(m, scores[i][j])
    s = s + m
  return s / len(scores)
```

1つ目のfor文の内部で（4〜6行目）、その人の最大得点の計算を行い、その結果をsに足し込むことで平均値を求めている。このプログラムはmaximum関数を使ってより見やすいプログラムに書き直すこともできる。

```
def average_max(scores):
  s = 0
  for i in range(0, len(scores)):
    m = maximum(scores[i])
    s = s + m
  return s / len(scores)
```

それではテストしてみよう。

```
> average_max(scores) ⏎
91.0
> average_max([[0,1],[2,0]]) ⏎
1.5
```

最後にmaximum2dやaverage_maxの実行時間を見積もろう。これらは2重のfor文を使っているが、その内実は2次元配列の各要素について処理を

行っているにすぎない。つまり、2次元配列の要素数、言い換えると「人数 × 科目数」に比例する程度の時間がかかることになる。

4.10 文字列

ここまで、整数、小数、配列、真偽値という4種類のデータを主に使ってきた。実はもう1つ、**文字列**という種類のデータを print 関数で使っている。文字列は多くの場合「'」または「"」で囲まれた文字の並びで表現され、文字通りそれら文字が並んだデータを表す。

```
> x = 'abcde' ⏎
> x
'abcde'
```

文字列の代表的な用途は print 関数のように人間が読む文章のデータだ。他にも名前や住所など、文字列を使うのが自然なデータはいろいろある。整数や小数のように複雑な計算をたくさん行うようなものではないが、現実世界をコンピュータ内で取り扱う上では重要になる。

文字列はほぼ「文字の配列」とみなしてよい[7]。配列に対するさまざまな処理（詳細は後ほど5.6節で述べる）の多くはそのまま使うことができる。ただし、文字列は配列と違って変更ができないことには注意しておこう。

```
> x = 'abcde' ⏎
> x[3]
'd'
> x[4]
'e'
> x[3] = 'z' ⏎
TypeError: 'str' object does not support item assignment
```

---

[7] ただし、Python には「文字」に対応するデータ（型）はない。文字は長さ1の文字列として扱う。

4.11 【発展】型

ここまでさまざまな種類のデータを使ってきた。これらはどんな関係にあるのだろうか。たとえば、配列に対して数値用の計算をすることはできるのだろうか。また逆はどうだろうか。

```
> [1, 2, 3] * 3 ↵
[1, 2, 3, 1, 2, 3, 1, 2, 3]
> [1, 2, 3] * 2.5 ↵
TypeError:
  can't multiply sequence by non-int of type 'float'
> len(0) ↵
TypeError: object of type 'int' has no len()
```

まず、配列を整数倍することはできる。しかし、当然だがその動作は整数の乗算とは随分おもむきが異なる。また、配列を小数倍しようとしたり、整数の長さを求めようとしたりするとエラーになる。

これは当たり前のようだが大事なことだ。配列と整数は<u>型</u>が異なるので、適用できる操作が異なり、また同じ名前の操作をしても実際に行われる処理はまったく異なる。

型というのは、プログラミング言語に現れるさまざまなもの（典型的にはデータ）を分類するカテゴリーのことだ。どのような型があるか、また型がどのような役割を担っているかは、プログラミング言語によってさまざまだ。Python の場合、型はそのデータを操作した場合の挙動（エラーを含む）を定める。同じ型のデータはおおむね同じように操作でき[8]、違う型のデータには原則として同じ操作ができない。そして、あるデータに対してできない操作をしようとすると TypeError となる。

整数・小数の「整数倍」と配列の「整数倍」のように、違う型に対して同じ操作ができるように見える場合もある。しかし、これは同姓同名の他人のようなもので、同じ名前だが実際には全然関係のない操作だと思ったほうが誤解が少ない。あくまで「違う型のデータには同じ操作はできない」が原則なのだ。より詳しくは 6.4 節で考えることにしよう。

---

[8] 0 による割り算がエラーになるように、多少の例外はある。

ちなみに、今扱おうとしているデータの型がわからない場合には、type 関数によって確認することができる。

```
> type(2)  ←
int
> type(3 == 5)  ←
bool
> type([1, 10, 100])  ←
list
> type('abcde')  ←
str
```

Python では整数は int、真偽値は bool、配列は list、文字列は str という名前の型だ。type 関数を使えば、たとえば配列の場合にのみ処理を変更したりもできる。

```
def headIfArray(x):
  if type(x) == list:
    x = x[0]
  return(x)
```

この関数は、配列ならば先頭要素を、そうでなければそのまま返す。実際に使ってみよう。

```
> headIfArray(2)  ←
2
> headIfArray(False)  ←
False
> headIfArray([1, 10, 100])  ←
1
```

4.12 学んだことのまとめ

本章では多くのことを学んだ。いずれも今後さらに複雑なプログラムを作っていく際の大事な基礎だ。よく習熟しておきたい。

まず、多くのデータをひとまとめにして扱うには配列が便利だ。

第 4 章 データ処理の基本：成績の集計

―― 配列の使い方 ――

- 「[3, 1, 8, 5]」のように四角括弧の中に要素を並べると配列を構成できる。

- 配列 a の i 番目の要素は a[i] で参照できる。配列要素は 0 番目から数え始めることに注意。また、変数と同様にして、i 番目の要素を更新することもできる。

- 配列 a の長さは len(a) で求めることができる。

同じ処理を何度も繰り返す場合には for 文を使うとよい。

―― for 文の使い方 ――

- 「for 変数名 in 繰返し対象:」と書くことで繰返しの範囲を指定する。繰返し対象は順に処理するものなら何でもよいが、range(n, m)（n から m − 1 まで繰り返す）を使う場合が多い。「変数名」で指定された変数には、繰返し対象で指定された各要素が順に格納される。

- 上記に続けて繰り返したい処理の内容を記述する。繰り返される処理はインデントで指定する。

状況によって処理を変えたい場合には if 文を使うとよい。

---
if 文の使い方

- 「if 条件:」に続けて、条件が True のときに処理する内容を記載する。さらに、「else:」とし、条件が False のときに処理する内容を記載する。いずれもインデントによって処理の範囲を指定する。

- 条件は真偽値の計算なら何でもよい。数値の比較だけでなく、and や or を使った複雑な条件も書くことができる。

プログラムが書けたら、正しさの確認、および実行時間の見積もりを行うべきだ。正しさの確認はテストで行うのが普通だが、可視化もときに有効だ。

練習問題

練習問題 4.1. 0 から与えられた数値までの整数を順に出力する関数 ex4_1 を定義せよ。なお以下は実行例である。

```
> ex4_1(5) ⏎
0
1
2
3
4
5
```

練習問題 4.2. 配列に対し、最大値が何番目の要素であるかを返す関数 ex4_2 を定義せよ。最大値が複数ある場合、最も先頭に近いものの位置を返すものとする。なお以下は実行例である。

```
> ex4_2([4, 1, 2, 9, 6, 9]) ⏎
3
```

練習問題 4.3. 配列の各要素の絶対値の和を求める関数 ex4_3 を定義せよ。なお以下は実行例である。

```
> ex4_3([-2, 1, 6, -5]) ⏎
14
```

練習問題 4.4. n 次元ベクトル $\mathbf{x} = (x_1, x_2, \ldots, x_n)$ と $\mathbf{y} = (y_1, y_2, \ldots, y_n)$ の間のユークリッド距離 $d(\mathbf{x}, \mathbf{y})$ は以下で定義される。

$$d(\mathbf{x}, \mathbf{y}) = \sqrt{\sum_{1 \leq i \leq n} (x_i - y_i)^2}$$

2 つのベクトルがそれぞれ要素数 n の配列で表現されているとき、これらのユークリッド距離を求める関数 ex4_4 を定義せよ。なお以下は実行例である。

```
> ex4_4([-2, 1, 6], [3, -1, -2]) ⏎
9.643650760992955
```

練習問題 4.5. 10 進数の各桁が要素となった配列が与えられたとき、これを数値に戻す関数 ex4_5 を定義せよ。
ヒント：以下に示す実行例をふまえ、配列の各要素に対してどのような計算をしなければならないかを考えよ。

```
> ex4_5([]) ⏎
0
> ex4_5([6]) ⏎
6
> ex4_5([6, 3]) ⏎
63
> ex4_5([6, 3, 4]) ⏎
634
```

練習問題 4.6. 分散の定義式をより素直にプログラムすると、variance1 は以下のようなプログラムになるはずである。

```
def variance1(scores):    #scores 中の成績の分散を求める
  s = 0
  for i in range(0, len(scores)):
    s = s + (scores[i] - average(scores)) ** 2
  return s / len(scores)
```

このプログラムの実行時間を見積もれ。

練習問題 4.7. 与えられた 3 つの値のうち真ん中の大きさの値を返す関数 ex4_7 を定義せよ。なお、すべての入力値は異なるとしてよい。以下は実行例である。

```
> ex4_7(14, -2, 8) ⏎
8
```

練習問題 4.8. 与えられた配列に対し 2 番目に大きな値を返す関数 ex4_8 を定義せよ。なお、配列中のすべての値は異なるとしてよい。以下は実行例である。

```
> ex4_8([-2, 8, 6, 1]) ⏎
6
```

練習問題 4.9. 4.9 節の形式でデータが与えられたとき、英語の最高得点を求める関数 ex4_9 を定義せよ。なお以下は実行例である。

```
> ex4_9([[28, 82, 65, 41, 67],
        [72, 25, 89, 63, 29],
        [91, 85, 38, 77, 94]]) ⏎
91
```

練習問題 4.10. 文字列の配列が与えられたとき、それら文字列全体で指定された文字（たとえば「a」）がいくつ現れるかを数える関数 ex4_10 を定義せよ。なお以下は実行例である。

```
> ex4_10(['cat', 'dog', 'mouse', 'dragon', 'zoo'], 'o') ⏎
5
```

第5章

ライフゲーム

　ここまで、変数・関数・配列・for文・if文を学んできた。これらはPythonに限らずほとんどすべてのプログラミング言語で利用できる。また実用的なソフトウェアを含め、ほとんどのプログラムはこれらで構成されていると言ってよい。つまり、これらをマスターすれば本質的にはあらゆるプログラムを書くことができる。本章ではライフゲームのプログラミングを通して理解を深めていこう。

5.1 ライフゲームとは

　ライフゲームは1970年に数学者のJohn Horton Conwayが考案したもので、生命の誕生や拡散、また絶滅などを単純なルールでシミュレートするものだ。ライフゲームでは、格子状の盤面の各マス（セルと呼ばれる）について、生命が「いる」か「いない」かを決める。本書では生命がいるセルを塗りつぶされたマスとして、いないセルを白いマスとして表現することにする。ある盤面から次のステップ（世代と呼ばれる）がどうなるかは、各セルごとに周囲の状況から以下のルールで決まる。

- **誕生**：生命がいないセルは、周囲8セル中ちょうど3セルに生命がいるとき、次の世代で生命が発生する（図5.1）。
- **生存**：生命がいるセルは、周囲8セル中2ないし3セルに生命がいるとき、次の世代でも生命が維持される（図5.2）。

- **過疎**：生命がいるセルは、周囲 8 セル中 1 セル以下にしか生命がいないとき、次の世代で生命が失われる（図 5.3）。
- **過密**：生命がいるセルは、周囲 8 セル中 4 セル以上に生命がいるとき、次の世代で生命が失われる（図 5.4）。

ライフゲームのルールはこれだけだ。単純なルールにもかかわらず、シミュレーション開始時の状態によってはさまざまな面白い結果が起こる。たとえば、図 5.5 はグライダーと呼ばれる形で、世代を経るごとに左上方向に生命の一群が移動してゆく。また、図 5.6 はドングリと呼ばれ、最初はごくわずかな生命しかいないが、世代を経るに従って非常に広範に生命が広がってゆくパターンだ

5.2　ライフゲームのプログラム

では、ライフゲームのプログラムを作ってみよう。これは今までのプログラムに比べればはるかに複雑だと感じるかもしれない。しかし、プログラム全体を適切な部品に分解することができれば、今まで学んできたことのちょっとした応用にすぎない。具体的には、以下を順にこなしてゆけばよい。

1. ライフゲームの盤面を表す方法を与える。
2. あるセルの周囲 8 マスの生命を数える。
3. (2) をふまえ、あるセルが次世代にどう変化するかを求める。
4. (3) をふまえ、ある盤面が次世代にどうなるかを求める。
5. (4) をふまえ、指定された盤面から指定された世代数シミュレートする。

それぞれのステップは、それ以前のステップのプログラムが完成していればそれほど難しくない。やってみよう。

68 第5章 ライフゲーム

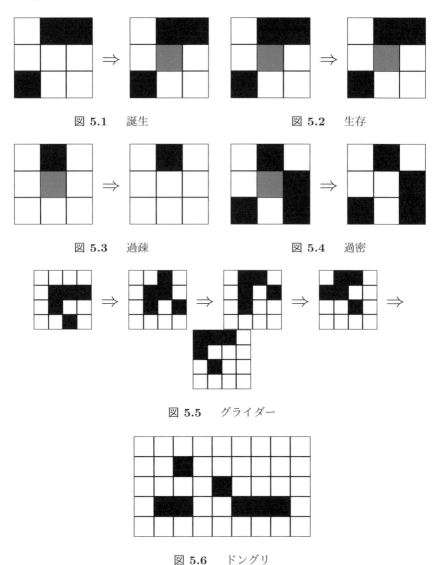

図 5.1 誕生

図 5.2 生存

図 5.3 過疎

図 5.4 過密

図 5.5 グライダー

図 5.6 ドングリ

5.2.1 2次元配列による盤面の構成

ライフゲームをプログラムするためには、ライフゲームの盤面をプログラム中のデータとして実現しなければならない。今回は格子状のデータなので、

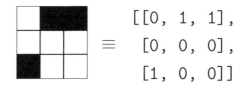

図 5.7 ライフゲーム盤面の 2 次元配列による表現

2 次元配列として捉えるのが自然だろう。たとえば、生命がいるセルを 1、いないセルを 0 として、0 か 1 を要素とする配列として各行を表現することにする。次に、各行を表す配列を並べた配列によって 2 次元の格子を表す。図 5.7 はこの考えに基づいて盤面を 2 次元配列として実現したものだ。

5.2.2 周囲の生命を数える

ライフゲームでは、次世代の状況が周囲 8 セルの状況に依存して決まる。そのため、周囲 8 セル中何セルに生命がいるかを数える必要がある。このプログラムはどのようなものになるだろうか？ ごく素直に考えれば以下のようなものになるだろうか。

```
def count_neighbor(data, i, j):
  #i 行 j 列の周囲 8 マスの生命数
  return (data[i - 1][j - 1] + data[i - 1][j] +
          data[i - 1][j + 1] +
          data[i][j - 1] + data[i][j + 1] +
          data[i + 1][j - 1] + data[i + 1][j] +
          data[i + 1][j + 1])
```

このプログラムは、盤面データを引数 data として受け取り、i 行 j 列の周囲 8 マスの生命数を数える。たとえば、data[i - 1][j - 1] は i − 1 行 j − 1 列、つまり左斜め上のマスを調べており、生命があれば 1、なければ 0 だ。

このプログラムは少々読みにくい。i+1 や j-1 などが何度も出てきて、本当に正しく周囲 8 マスを列挙できているかがわかりづらい。とはいえ正しそうには見える。テストしてみよう。

```
> data = [[0, 1, 1], [0, 0, 0], [1, 0, 0]] ⏎
> count_neighbor(data, 1, 1) ⏎
3
> count_neighbor(data, 0, 0) ⏎
3
> count_neighbor(data, 2, 2) ⏎
IndexError: list index out of range
```

1 行 1 列に対する計算は正しそうだ。しかし、0 行 0 列に対する計算は間違っている（1 でなければならない）。また、2 行 2 列に対してはエラーだ（こちらは 0 になってほしい）。なぜだろうか？

うまく行かなかった場合について、処理内容を注意深く追ってみると理由がわかる。i や j が 0 の場合、data の −1 番目の要素を参照することになる。これは何か変だ[1]。また、i や j が 2 の場合、data の 3 番目の要素を参照しようとする。が、data には 3 番目はないので、これは失敗する。つまり、盤端で隣接するセルがない場合の処理に失敗しているということがわかる。

盤外を参照するなんてありえない、それぐらいは適切に処理してほしい、という気持ちにもなるが、コンピュータは気を利かせてはくれない。このような例外的なケースについては、どうすべきか私たちが適切に指示する必要がある。「その座標が盤の範囲内の場合のみ考える」とするため、if 文を使って、i-1 や j+1 が 0 以上盤の大きさ未満の場合だけ処理すればよい。ただし、上記プログラム中の data の参照すべてに if 文を書くのは面倒だ。どうせ同じことを何度も行うのだから for 文を使うことにしよう。先ほどの読みにくさも解消することができて一石二鳥だ。

---

[1] Python では、配列の添字が負の場合には配列の末尾から遡って要素を数える。よって、−1 番目は配列末尾の要素に対応する。

```
def count_neighbor(data, i, j):
  #i 行 j 列の周囲 8 マスの生命数
  count = 0
  for k in range(i - 1, i + 2):
    for l in range(j - 1, j + 2):
      if (0 <= k < len(data) and 0 <= l < len(data[k])):
        #盤の範囲内
        count = count + data[k][l]
  return count - data[i][j] #自分のセルも数えたので除去
```

このプログラムでは 2 重の for 文を使っている。変数 k は i − 1 から i + 1 まで、同様に変数 l は j − 1 から j + 1 までそれぞれ変化し、結果 9 回繰返しが行われる。繰返し内では count の値を data[k][l] 分だけ増やす、つまり生命数を数えるのだが、その前の if 文によって k と l が盤面の範囲内にいることを確認している。9 回の繰返しを終えると自分のセルも含めた生命数を数えてしまっているので、最後に自分のセルの影響を取り除いた値を返している。

先ほどの例に対して、今度こそ正しい結果を返すことを確認しておこう。

```
> data = [[0, 1, 1], [0, 0, 0], [1, 0, 0]] ⏎
> count_neighbor(data, 1, 1) ⏎
3
> count_neighbor(data, 0, 0) ⏎
1
> count_neighbor(data, 2, 2) ⏎
0
```

5.2.3 各セルの次世代の計算

次に、ライフゲームのルールをプログラムし、各セルの次世代がどうなるかを計算しよう。これは、周囲 8 マスにある生命の数で状況が変化するので、典型的な if 文の応用だ。プログラムは以下のようなものになるだろう。

第 5 章 ライフゲーム

```
def lifegame_rule(cur, neighbor):
  #cur: セルの現在状態, neighbor: 周囲の生命数
  if cur == 0: #現在生命がいない
    if neighbor == 3:
      return 1  #生命誕生
    else:
      return 0
  else: #現在生命がいる
    if neighbor == 2 or neighbor == 3:
      return 1 #生命生存
    else:
      return 0 #過疎ないしは過密により死滅
```

if 文を何度も使っており一見複雑だが、落ち着いて見てみればライフゲームのルールをそのまま書き下しただけであることがわかるだろう。念のためテストもしておこう。

```
> lifegame_rule(0, 3) ⏎
1
> lifegame_rule(0, 2) ⏎
0
> lifegame_rule(1, 2) ⏎
1
> lifegame_rule(1, 1) ⏎
0
> lifegame_rule(1, 5) ⏎
0
```

5.2.4 次世代の盤面の計算

各セルについての計算ができれば、次世代の盤面を作るのは難しくない。すべてのセルについて先ほどの lifegame_rule 関数を適用すればよい。すべてのセルに同じ処理をするのは for 文を使えばできる。

1 点だけ問題になるのは、新しい 2 次元配列を作る方法だ。ここでは補助ライブラリの関数を使おう。ita.array.make2d(n, m) とすれば、n 行 m 列の、つまり縦 n 横 m の 2 次元配列を作ることができる。なお初期状態ではすべての要素は 0 になっている。

```
import ita
def lifegame_step(data):    #盤面 data の次世代を計算
  new_data = ita.array.make2d(len(data), len(data[0]))
  #data と同じ大きさの 2 次元配列を作成
  for i in range(0, len(data)):
    for j in range(0, len(data[i])):
      n = count_neighbor(data, i, j) #隣接生命数を計算
      new_data[i][j] = lifegame_rule(data[i][j], n)
      #ルールに従って次世代を計算
  return new_data
```

このプログラムでは、与えられた盤面である data と同じ大きさの盤面 new_data を用意し、その各要素をライフゲームのルールに従って埋め、最後に new_data を結果として返している。

5.2.5 複数世代のシミュレーションを行う

ここまでくれば後は簡単だ。複数世代のシミュレーションを行うなら、その回数 lifegame_step 関数を実行すればよい。何度も実行するのは for 文を使えば簡単にできる。

```
def lifegame(data, steps):
  for i in range(0, steps):
    data = lifegame_step(data)
  return data
```

5.3 ライフゲームの可視化

ライフゲームを行うプログラムが完成したので、このプログラムの正しさを確認したい。が、これは簡単ではない。たとえばある盤面から 100 世代後はこうなりますよ、と見せられても、その結果が正しいのか間違っているのか、にわかには判断できない。こういうケースでは 可視化 をするのがよい。ライフゲームの各ステップをアニメーション表示して、よく知られた形がうまく動作するかどうか、たとえばグライダーがちゃんと飛んでゆくかどうか、を確認してみるのだ。

Pythonの豊富なライブラリを使えばアニメーション表示するのはそれほど難しくない。画像の配列を用意すれば十分だ。今回私たちが作った盤面データはそのまま画像だとみなすことができるので、盤面データの配列を用意すればよい。盤面はすでに2次元配列なのに、その配列となると驚くかもしれない。しかし、2次元以上の配列は**多次元配列**と呼ばれ、プログラムでは広く使われている。今回は3次元配列を作ることになる。

それでは、先ほど作った`lifegame`関数を少し変更して、各世代の盤面データを保存するようにしよう。

```
def lifegame(data, steps):
  results = ita.array.make1d(steps)
  for i in range(0, steps):
    results[i] = data
    data = lifegame_step(data)
  return results
```

`ita.array.make1d`関数は指定された長さの（2次元でも3次元でもない普通の）配列を作る関数だ。以降、`for`文の中でその各要素として現在の盤面を保存していっている。

盤面データの列ができれば、それを`ita.plot.animation_show`関数に渡すことによりアニメーションを鑑賞できる。実験用のテストデータとして、itaライブラリに図5.5で示したグライダーがある（`ita.lifegame_glider()`）のでこれを利用しよう。うまく動いただろうか[2],[3]？　また、もっと大規模な例を見たい人は、`ita.lifegame_acorn()`として図5.6で示したドングリのデータも用意してある。

```
> ani = lifegame(ita.lifegame_glider(), 10) ⏎
> ita.plot.animation_show(ani) ⏎
```

最後に`lifegame`関数の実行時間を見積もろう。`lifegame`関数は`steps`回`lifegame_step`関数を実行する。`lifegame_step`関数は盤面すべての

---

[2] なお、5.5節で説明する色付けの規則により白黒は反転してしまう。
[3] JuPyterで動作させるには「`ita.plot.animation_show`」の直前で「`%matplotlib` ⏎」ないし「`%matplotlib notebook` ⏎」と入力しておく必要がある。なお、どのようなコマンドを打ち込むとうまく動作するかは、残念ながら環境によるようだ。

セルについて `count_neighbor` 関数と `lifegame_rule` 関数を実行する。`count_neighbor` 関数は 9 セルの生命数を数える。`lifegame_rule` 関数の仕事は大した量はない。つまり、数え方にもよるが、`lifegame` 関数は「9 × 盤面の大きさ × `steps`」程度の仕事をしていることになる。大雑把に言って、盤面の大きさとステップ数に比例する時間がかかると言えるだろう。

5.4 モジュール化

ここまで、ライフゲームを行うプログラムをいくつもの関数を組み合わせて作ってきた。これは <u>モジュール化</u> という考え方に従ったものだ。モジュール化とは、関係のあるデータや処理をひとまとめにし、関係のないデータや処理は別々にすることだ。関係のあるデータや処理をまとめたものを <u>モジュール</u> と呼ぶことが多く、プログラムを適切なモジュールに切り分けることをモジュール化と呼んでいる。

今回のプログラムであれば、たとえばライフゲームの 1 ステップ分の計算と、そのシミュレーションの可視化は、本質的には無関係だ。ライフゲームのシミュレーションは可視化せずとも意味のある計算だし、可視化する際にはライフゲームがどのようなルールであるかを知る必要はない。そう考えれば、これらは別個のモジュールとして切り分けるのが適切だと言える。

モジュール化によるメリットは非常に大きい。まず、適切にモジュール化したプログラムであれば、その一部を再利用できる可能性が高い。たとえばライフゲームであれば、ライフゲームのルールはモジュールとして切り出されている。そのため、この部分を変更しようとしてもプログラムの他の部分はまったく書き換える必要がない。つまり、少しだけ違うルールのライフゲーム（たとえば周囲 8 セルに 4 体生命がいる場合は「過密」ではなく「生存」となる）も、内容の異なる `lifegame_rule` を呼び出すだけで実現できる。

次に、モジュール化が行われていれば、その正しさをモジュールごとにテストできることが多い。これは大きなプログラムを作る場合は非常に重要だ。プログラムが全部出来上がった後になってやっとテストができるのでは、テスト時にプログラムの各所から多量の間違いが発見され収拾がつかなくなる可能性がある。モジュール化が適切に行われていれば、各モジュールはそれ

ぞれ独立に意味を持ち動作するので、それぞれをテストし正しさを確認しながらプログラム開発を進められる。実際今回の例では、プログラム全体が完成する前から `count_neighbor` を独立にテストしたことで、比較的簡単に問題点に気づくことができた。

もちろん、これらメリットは常に完全に享受できるわけではないし、そもそも適切なモジュール化が難しいケースも少なくはない。今回も、`lifegame` のテストはそもそも可視化抜きでは難しかった。また、`lifegame` は各ステップでの盤面を配列として返す設計となっているが、これは可視化をしないなら無駄かもしれない。このように、他の部分との組合せがデザインに影響するケースはよくある。それでも、できる限りのモジュール化を模索することは、再利用やテストがしやすいプログラムを作るためには必須なのだ。

5.5　いろいろな絵を描いてみよう

ライフゲームの様子をアニメーションとして表示してきたが、同様の方法でさまざまな絵やアニメーションを表示することができる。

絵を表示したい場合には、補助ライブラリの `ita.plot.image_show` 関数を使う。この関数は、2次元配列に対しては白黒の画像を表示する。1が白、0が黒で、その間の値は0に近づくほど黒く1に近づくほど白い灰色となる。なお、画面の左上隅を原点として、配列の m 行 n 列の要素は、上から m 左から n の位置の色を決める。また、3次元配列を与えることでカラーの画像を表示できる。この場合、各位置の色として、1から0の数値の代わりに長さ3の配列を使う。この配列は順に赤、緑、青の明るさを0から1の範囲で指定する。光の三原色に基づくため、白が [1, 1, 1]、黒が [0, 0, 0] であり、たとえば明るい赤紫なら [1, 0, 0.5] となる。なお、カラー画像を使う場合 `ita.array.make3d` 関数が便利だ。この関数は、`ita.array.make1d` や `ita.array.make2d` と同様にして、指定された大きさの3次元配列を作成する。特に、`ita.array.make3d`(n, m, 3) とすれば、縦 n 横 m の真っ黒なカラー画像が手に入る。

アニメーションの場合には `ita.plot.animation_show` 関数を使う。この関数は `ita.plot.image_show` 関数で表示できる画像の配列を与えれば、そ

れを先頭から順にアニメーション表示する。ライフゲームでは白黒画像のアニメーションを表示したが、`ita.plot.image_show` 関数と同様の形で、こちらもカラー画像のアニメーションも表示できる。なお、カラー画像アニメーションのデータは 4 次元配列になることに注意しよう。

具体例として円を描いてみよう。以下のプログラムは、指定された点（y 座標 `center_y`、x 座標 `center_x`）を中心とし、半径 r の円を画像データ `image` 上に描く。円の色は `color` で指定される。

```
def draw_circle(r, center_y, center_x, color, image):
    #点 (center_x,center_y) を中心に半径 r の円を色 color で描く
    for i in range(0, len(image)):
        for j in range(0, len(image[0])):
            if distance(i, j, center_y, center_x) < r:
                image[i][j] = color

def distance(x1, y1, x2, y2): #点 (x1,y1) と (x2,y2) の距離
    return ((x1 - x2) ** 2 + (y1 - y2) ** 2) ** 0.5
```

関数 `draw_circle` は各点について中心からの距離を計算し、距離が半径 r 未満であればその点の色を `color` にする。この関数は与えられた `image` を上書きするので、結果は返さない。そのため `return` は使っていない。なお、`distance` 関数は 2 点間の距離を計算するものだ。モジュール化の観点から、`draw_circle` とは独立した関数として定義している。

それでは出来上がった `draw_circle` を試してみよう。図 5.8 のような画像が表示されただろうか [4]。

```
> image = ita.array.make3d(200,150,3) ⏎
> draw_circle(20, 50,70, [1,1,0], image) ⏎
> ita.plot.image_show(image) ⏎
```

この `draw_circle` の実行時間は明らかに画像データ `image` の大きさに比例する。しかし、描きたい円が小さいときには無駄がないだろうか。色をつけたいのは円の内部、つまり中心の近くだけで、画像全体を処理する必要はないはずだ。この発想に基づいて改善したのが以下のものだ。

---

[4] `ita.plot.animation_show` と同様に、`ita.plot.image_show` を JuPyter で用いる場合には、直前に `%matplotlib` と入力する必要がある。

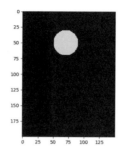

図 5.8　draw_circle の結果

```
def draw_circle(r, center_y, center_x, color, image):
  for i in range(center_y - r, center_y + r):
    for j in range(center_x - r, center_x + r):
      if (0 <= i < len(image) and
          0 <= j < len(image[i]) and
          distance(i, j, center_y, center_x)  < r):
        image[i][j] = color
```

改善したプログラムでは、i や j は円の中心から前後 r の範囲の値をとる。ただし、ライフゲームでの周囲の生存数の計算と同様、画像からはみ出してしまう場合があるので、i と j が画像内に収まっているかどうかを追加で確認している。この場合の実行時間は半径 r の 2 乗に比例しており、円が小さい場合には先ほどのものより効率的だ。

5.6　【発展】配列のさまざまな機能

　画像やアニメーションを作るためにはさまざまな配列を作る必要がある。しかし、大きな配列を新たに作るのは基本的な機能だけでは少々面倒な場合がある。実は、Python の配列は豊富な機能があり、それを活用すれば配列の新規作成を含むいろいろなことが簡単にできる。ここではその一部を紹介したい。

まず、「+」を使えば2つの配列を連結することができる。

```
> [1, 2, 3] + [10, 20, 30, 40] ⏎
[1, 2, 3, 10, 20, 30, 40]
```

既存の配列の末尾に1要素だけ追加したい場合には、もちろん「+」を使ってもよいが、append 関数を使う方法もある。

```
> x = [1, 2, 3] ⏎
> x.append(10) ⏎
> x ⏎
[1, 2, 3, 10]
```

なお、「+」が新しい配列を作るのに対し、append は既存の配列を変更することに気をつけよう[5]。たとえば以下の操作は先ほど append を使った操作とほとんど同じに見えるが、x は変化していない。

```
> x = [1, 2, 3] ⏎
> y = x + [10] ⏎
> y ⏎
[1, 2, 3, 10]
> x ⏎
[1, 2, 3]
```

4.11 節でも見たように、ある要素を何度も繰り返すような配列は「*」で作ることができる。ある要素が並んだ長い配列を作るときはこの機能は特に便利だ。

```
> [1, 2, 3] * 3 ⏎
[1, 2, 3, 1, 2, 3, 1, 2, 3]
> [1] * 5 ⏎
[1, 1, 1, 1, 1]
```

配列にある要素がすでに含まれているかどうかは in で確認できる。また、含まれていないことは not in で確認できる。

---

[5] なお append は文字列に対しては実行できない。文字列は変更できないためだ（4.10 節参照）。

```
> 3 in [1, 3, 7, 10] ⏎
True
> 5 in [1, 3, 7, 10] ⏎
False
> 5 not in [1, 3, 7, 10] ⏎
True
```

配列の一部分を取り出したい場合、スライスと呼ばれる機能を使えばよい。配列 a に対し、a[n : m] は a の n 番目から $m-1$ 番目までの配列になる。

```
> a = [8, 6, 2, 5, 4, 1] ⏎
> a[0 : 4] ⏎
[8, 6, 2, 5]
> a[3 : 5] ⏎
[5, 4]
```

より複雑な配列の構成をしたい場合には、内包表記と呼ばれる機能が便利だ。リスト内包表記は [要素を定める式 for 変数名 in 繰返しを規定する列] という形式で、for 文とよく似ている。for 文は繰り返し同じ処理を行うが、内包表記の場合は「配列の各要素を求める式」を繰り返し計算し、その計算結果を並べて配列を作る。

```
> [i for i in range(0, 7)] ⏎
[0, 1, 2, 3, 4, 5, 6]
> [i * 2 for i in range(0, 7)] ⏎
[0, 2, 4, 6, 8, 10, 12]
> [[0, 1] for i in range(0, 7)] ⏎
[[0, 1], [0, 1], [0, 1], [0, 1], [0, 1], [0, 1], [0, 1]]
```

内包表記に if を加えることで、ある条件を満たす場合にのみ要素を生成することもできる。

```
> [i for i in range(0, 7) if i % 2 == 0] ⏎
[0, 2, 4, 6]
> [i * 2 for i in range(0, 7) if i % 2 == 0] ⏎
[0, 4, 8, 12]
```

これら機能が使いこなせれば、より簡単にわかりやすいプログラムが書ける場合も少なくないだろう。

5.7 【発展】配列とコピー

配列を変数に格納して何度も使うと一見不可解なことが起こる場合がある。以下の実行例を見てみてほしい。

```
> x = [0, 0, 0] ⏎
> y = [x, x, x] ⏎
> y ⏎
[[0, 0, 0], [0, 0, 0], [0, 0, 0]]
> y[0][0] = 1 ⏎
> y ⏎
[[1, 0, 0], [1, 0, 0], [1, 0, 0]]
> x ⏎
[1, 0, 0]
```

配列 x を使って 2 次元配列 y を作った。すると、y の要素を 1 つだけ変更しただけのつもりが、なぜか 3 つも書き換わってしまった！　なぜだろうか。

実は、Python では、同じ値を何度も使ったときに、新しくコピーが作られる場合と、同じものが共有される場合がある。新しくコピーが作られる場合には、それを変更してもコピー元には影響しない。しかし、同じものを共有していた場合、それを変更すれば共有しているすべての場所にそれが影響する。

基本的には、数値や真偽値のような単純なデータの場合には新しいコピーが作られるが、配列のような大きなデータについては明示的に要求しない限りコピーはされない。今回の例であれば、y は要素がすべて 0 の 3 行 3 列の 2 次元配列のように思えるが、実際には x が 3 つ並んだものなのだ。そのため、そのうち 1 つを書き換えると、x が書き換わってしまい、結果 y の各行が書き換わってしまう。

これを避けるには明示的にコピーを行う必要がある。コピーは copy ライブラリの機能として提供されている。

```
> import copy ⏎
> x = [0, 0, 0] ⏎
> y = [copy.copy(x), copy.copy(x)] ⏎
> y ⏎
[[0, 0, 0], [0, 0, 0]]
> y[0][0] = 1 ⏎
> y ⏎
[[1, 0, 0], [0, 0, 0]]
> x ⏎
[0, 0, 0]
```

この実行例では、x の新しいコピーを明示的に作成したため、y の要素の変更は他の y の要素や x へと波及していない。

多次元配列の場合にはさらに注意が必要だ。

```
> x = [0, 0, 0] ⏎
> y = [x] ⏎
> y ⏎
[[0, 0, 0]]
> z = copy.copy(y) ⏎
> z ⏎
[[0, 0, 0]]
> z[0][0] = 1 ⏎
> y ⏎
[[1, 0, 0]]
```

今回は y を明示的にコピーして z を作成したのに、z を変更すると y が変更されてしまった。これは、y という配列はコピーされたものの、y の要素（今回は x）はコピーされていないためだ。つまり、z と y は別の配列だが、ともに中身は x だったのだ。よって、z の変更は x に波及し、結果 y にも及ぶことになる。

copy.copy 関数のように、配列などの新しいコピーを作るが、その中身までは新しく作り直さないものを**浅いコピー**と呼ぶ。一方、中身まで含めてすべてを新しくコピーするものを**深いコピー**と呼ぶ。Python では copy.deepcopy 関数として深いコピーが提供されている。これを使えば先ほどのような事態を回避できる。

```
> x = [0, 0, 0] ⏎
> y = [x] ⏎
> y ⏎
[[0, 0, 0]]
> z = copy.deepcopy(y) ⏎
> z ⏎
[[0, 0, 0]]
> z[0][0] = 1 ⏎
> z ⏎
[[1, 0, 0]]
> y ⏎
[[0, 0, 0]]
```

配列をコピーしないことによって複雑な問題がもたらされているように見える。なぜそこまでしてコピーを避けるのだろうか？　理由は実行速度のためだ。一般にデータをコピーするのはデータの大きさに比例した時間がかかるため、配列のような大きなデータをコピーするのはできる限り避けたい。また、データを変更しない場合など、実際にはコピーが必要ない場合も多い。そのため、コピーしないのを基本として、コピーが必要な場合はプログラマが明示的にそう記述する、という設計になっている[6]。

練習問題

練習問題 5.1. 与えられた整数 n に対し、配列の i 番目の要素が $1/(i+1)$ となるような長さ n の配列を生成する関数 ex5_1 を作れ。以下は実行例である。

```
> ex5_1(4) ⏎
[1.0, 0.5, 0.3333333333333333, 0.25]
```

練習問題 5.2. 左ほど黒く右ほど白いグラデーションをなす画像（図 5.9）を生成する関数 ex5_2 を作れ。入力は得られる画像の高さと横幅とする。以下は実行例である。

```
> ex5_2(3, 4) ⏎
[[0.0, 0.25, 0.5, 0.75],
 [0.0, 0.25, 0.5, 0.75],
 [0.0, 0.25, 0.5, 0.75]]
```

---

[6]他の言語（たとえば関数型言語）の中には、データに対する書き込みがあった場合には原則コピーするという設計になっているものもある。

第 5 章 ライフゲーム

図 5.9　グラデーション模様

練習問題 5.3. 整数 n を入力とし、n 行 n 列の市松模様（図 5.10）を生成する関数 ex5_3 を作れ。

```
> ex5_3(4) ⏎
[[1, 0, 1, 0],
 [0, 1, 0, 1],
 [1, 0, 1, 0],
 [0, 1, 0, 1]]
```

練習問題 5.4. 整数 n を入力とし、n 行 n 列のギンガムチェック（図 5.11）を生成する関数 ex5_4 を作れ。

```
> ex5_3(4) ⏎
[[0, 0.5, 0, 0.5],
 [0.5, 1, 0.5, 1],
 [0, 0.5, 0, 0.5],
 [0.5, 1, 0.5, 1]]
```

練習問題 5.5. 画像、画像上の 2 点の座標、そして色が指定されているとき、その 2 点を対角頂点とし、各辺は x 軸ないし y 軸に平行であり、指定された色の長方形を画像に書き加える関数 ex5_5 を作れ。座標は y 座標・x 座標の順に入力するものとする。以下は実行例である。頂点としては $(2, 0)$ と $(3, 2)$ を指定している。

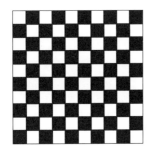
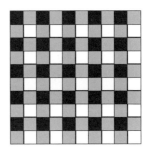

図 5.10 　市松模様　　　　　　　図 5.11 　ギンガムチェック

```
> image = [[0, 0, 0, 0, 0],
           [0, 0, 0, 0, 0],
           [0, 0, 0, 0, 0],
           [0, 0, 0, 0, 0]] ⏎
> ex5_5(image, 0, 2, 2, 3, 0.5) ⏎
> image ⏎
[[0, 0, 0.5, 0.5, 0],
 [0, 0, 0.5, 0.5, 0],
 [0, 0, 0.5, 0.5, 0],
 [0, 0, 0, 0, 0]]
```

練習問題 5.6. 画像、画像上の 2 点の座標、そして色が指定されているとき、その 2 点を結ぶ指定された色の直線を画像に書き加える関数 ex5_6 を作れ。座標は y 座標・x 座標の順に入力するものとする。以下は実行例である。頂点としては $(2, 0)$ と $(3, 2)$ を指定している。

```
> image = [[0, 0, 0, 0, 0],
           [0, 0, 0, 0, 0],
           [0, 0, 0, 0, 0],
           [0, 0, 0, 0, 0]] ⏎
> ex5_6(image, 0, 2, 2, 3, 0.5) ⏎
> image ⏎
[[0, 0, 0.5, 0, 0],
 [0, 0, 0.5, 0, 0],
 [0, 0, 0, 0.5, 0],
 [0, 0, 0, 0, 0]]
```

練習問題 5.7. 部屋からの群衆の避難を以下の方針でシミュレーションせよ。

第 5 章 ライフゲーム

- 部屋は $m \times n$ マスの格子で表現する。部屋は壁で囲まれており、出口は $(0,0)$ にある。人がいるマスは 1、いないマスは 0 とする。同じマスに複数人は入れないものとする。
- 部屋の中の人は毎ステップ、以下の 1 と 2 を両方この順に行う。なお、1 と 2 の過程では全員が同時に移動するものとする。
    1. $(0,0)$ にいる人は脱出する。それ以外の位置 (i,j) にいる人は、j が 0 でなく、$(i, j-1)$ に人がいなければ、$(i, j-1)$ に移動する。
    2. $(0,0)$ にいる人は脱出する。それ以外の位置 (i,j) にいる人は、i が 0 でなく、$(i-1, j)$ に人がいなければ、$(i-1, j)$ に移動する。

部屋の初期状態と経過ステップ数 s を入力とし、s ステップ後の部屋の状態を求める関数 ex5_7 を作れ。以下は実行例である。ここでは位置 (i,j) を 2 次元配列の i 行 j 列に対応させている。

```
> room = [[0, 1, 0, 1, 0],
          [1, 0, 0, 1, 1],
          [1, 1, 0, 1, 0],
          [0, 0, 1, 0, 0]]
> ex5_7(room, 6)
[[0, 0, 1, 1, 0],
 [1, 0, 0, 0, 0],
 [1, 0, 0, 0, 0],
 [0, 0, 0, 0, 0]]
```

第6章

放物運動のシミュレーション

　前章ではライフゲームのシミュレーションを行った。ライフゲームにも興味深い部分はあるが、とはいえ現実とは異なる仮想的なものだ。現実の現象のシミュレーションを行うのはどれくらい難しいのだろうか？ もちろん本格的なものは難しいが、とりあえず動くものを作るだけならそれほど難しくはない。本章では、放物運動、つまりボール等を投げたときにそれが落ちてゆく過程をシミュレーションしてみよう。

6.1 運動方程式と差分化

　放物運動をシミュレーションするためには、物体の運動がどのような法則に従っているのかを知る必要がある。物理の教科書をひもとけば以下のような式が見つかるだろう。

$$F = ma$$

この式は物体に力を加えたときにその物体の速度がどう変化するかを表している。F は物体にかかる力、m はその物体の質量、a その物体が運動する際の速度の変化、つまり加速度だ。物体が具体的にどう移動するかをより正確に表すには、加速度と速度、そして物体の位置がどう関係するのかを知らな

ければならない。以下の2式はこれを表している。

$$\frac{\mathrm{d}}{\mathrm{d}t}v(t) = a(t)$$

$$\frac{\mathrm{d}}{\mathrm{d}t}x(t) = v(t)$$

ここでvはその物体の速度、xはその物体の座標（位置）、tは時刻だ。つまり、加速度は速度を時刻で微分したもので、速度は座標を時刻で微分したものだ。なお、aとvとxが時刻によって変化することを明示するためこれらを関数として記述した。大げさに言えば、物体の運動はこれら3式からなる連立微分方程式に従っていることになる。

　プログラミングだけでも難しいのに連立微分方程式なんて、と思うかもしれない。連立微分方程式を理解し、それを解くのは数学や物理の講義の内容であって、本節の趣旨ではない。にもかかわらず、この状況は認識していてほしい。現実の現象のかなりの部分は連立微分方程式で表現される。そのため、そのシミュレーションのためには、**連立微分方程式をどうプログラミングに落とし込むかを知る必要があるのだ**。

　上記の微分方程式は、速度が時々刻々連続的に変化し、それに従い座標も変化する様を記述している。一方、デジタルコンピュータでは連続的なものを扱うことはできない。数値でも、時間でも、離散化・量子化した形でしか処理できないのだ。つまり、微分方程式をデジタルコンピュータで処理することは原則として不可能だ。しかし、放物運動をシミュレーションするにあたり、**本当に時間や座標を連続的なものとして扱う必要があるだろうか？**常識的に考えれば、物体の速度や座標が急激に変わることはない。物体が急加速・急減速したり、物体が瞬間移動したりはしないと想定してよい[1]。だとすれば、短い時間ごとに区切って、その間は速度や加速度が変化しない、つまり速度変化は加速度に比例し、座標の変化は速度に比例する、と思ってもほとんど正しい結果が得られるはずだ。この考えに基づき、微分方程式を「微分している変数（今回であれば時間t）のごく小さな変化」に関する方程式で近似する方法を <u>差分化</u> と呼ぶ。

---

[1] このような想定が成り立たないケースもある。たとえば、壁にボールが衝突して跳ね返る場合、ごく短い時間に物体の速度ベクトルがまったく逆転する。このようなケースのシミュレーションには注意が必要だ。

差分化の方法はいろいろあるが、関数 $f(y)$ の微分 $\dfrac{\mathrm{d}}{\mathrm{d}y}f(y)$ を小さい値 Δy に関する式で以下のように近似するのが基本だ。

$$\frac{\mathrm{d}}{\mathrm{d}y}f(y) \approx \frac{f(y+\Delta y) - f(y)}{\Delta y}$$

これはまさに先ほどの考えを数式で表現したものだ。y から少し離れた場所 $y + \Delta y$ での f の値を求めるにあたり、Δy は十分小さいので、その間は傾きが変化しない、それゆえ f の値の変化は y での傾き $\dfrac{\mathrm{d}}{\mathrm{d}y}f(y)$ と Δy の積に一致する、というのがこの式の意味だ。なお、微分の定義より、Δy を極限まで小さくすると両辺は一致する[2]。よって、この式は Δy が小さければ数学的にも意味をなす（詳細については 10.5 節で議論する）。

上記の差分化方法を運動方程式に適用すると以下のようになる。ここで Δt は十分短い時間とする。

$$F(t) = m \cdot a(t)$$
$$(v(t+\Delta t) - v(t))/\Delta t = a(t)$$
$$(x(t+\Delta t) - x(t))/\Delta t = v(t)$$

この式を整理すれば、時刻 t での a や v や x の値から時刻 $t + \Delta t$ でのそれらの値を求める式が得られる。

$$F(t) = m \cdot a(t)$$
$$v(t+\Delta t) = v(t) + a(t)\Delta t$$
$$x(t+\Delta t) = x(t) + v(t)\Delta t$$

何のことはない。時刻 t から時刻 $t + \Delta t$ までの座標・速度の変化はそれぞれ速度・加速度に比例するという式だ。重要なのは、これらが機械的な式変形のみで、言い換えると物理学等の知識をまったく使わずに、得られていることだ。つまり、この差分化手法は運動方程式だけに使えるわけではなく、微分方程式で記述される現象一般に使うことができる。

微分方程式に関する話はここまでなので安心してほしい。以降は差分化によって得られた式をもとにシミュレーションのプログラムを作っていこう。

---

[2] 無論、その極限が存在すれば、ではある。

6.2 放物運動シミュレーションプログラムの作成

以降のプログラミングの過程はほとんどライフゲームのときと同じだ。

まずは短い時間 Δt の経過で速度や座標がどう変化するかをプログラムしよう。今、2次元の空間での運動を考え、x 軸方向にはまったく力がかかっておらず、y 軸負方向に重力によって落下しているとしよう。つまり、x 軸方向は $F(t) = 0$、y 軸方向は重力加速度を g として $F(t) = -mg$ だ。より複雑なシチュエーションでもプログラムはほとんど同じになる。

```
def parabolic_m_step(y, x, vel_y, vel_x, stride):
  #(x, y): 現在位置
  #(vel_x, vel_y): 現在の速度ベクトル
  #stride: 時間刻み幅
  g = 9.8 #重力加速度
  y = y + vel_y * stride
  x = x + vel_x * stride
  vel_y = vel_y - g * stride
  return [y, x, vel_y, vel_x]
```

関数 parabolic_m_step は現在の y 座標 y、x 座標 x、y 軸方向の速度 vel_y、x 軸方向の速度 vel_x をとり、そして短い時間 stride 経った後の座標・速度を返す。一度に4つの値を返さなければならないが、return は基本的に1つの値しか返すことができない。そこで、ここでは4つの値を1本の配列に格納し、それを返している。

それではテストして座標と速度が適切に変化していることを確認しよう。

```
> parabolic_m_step(10, 10, 2, -1, 0.5) ⏎
[11.0, 9.5, -2.9000000000000004, -1]
> parabolic_m_step(10, 10, 2, -1, 0.1) ⏎
[10.2, 9.9, 1.02, -1]
```

次に、一定時間経過した際の運動をプログラムする。といっても先ほどの関数 parabolic_m_step を何度も実行するだけだ。仮に stride を 0.3 秒とし、30 秒間、つまり 100 ステップの運動をシミュレーションすることにしよう。

```
def parabolic_motion(y, x, vel_y, vel_x):
  stride = 0.3     #時間刻み幅
  cur = [y, x, vel_y, vel_x]
  for i in range(0, 100):   #100 ステップ実行
    cur = parabolic_m_step(cur[0], cur[1],
                           cur[2], cur[3], stride)
  return cur
```

要するに parabolic_m_step を 100 回実行するプログラムとなっている。for 文で繰返しを行うには、繰返し前と繰返し後で同じ形式のデータを保持している必要があるため、繰返しが始まる前に座標や速度のデータを配列に入れている。

6.3 放物運動シミュレーションプログラムの改善

放物運動シミュレーションのプログラムが出来上がったが、このプログラムは満足できるものだろうか？ 人にもよるだろうが、いくつか気になる点があるのではないかと思う。

- 計算結果を見ても、30 秒後の座標と速度がわかるだけで、それが正しいかどうかわからない。

- 初期値にもよるが、結果の y 座標が負の値になることが少なくない。地面に物体がめり込んでいるようで、現実的でない。

- 今回のシミュレーションはあまりに単純だ。シミュレーションせずに結果を求めることも十分可能で、シミュレーションするありがたみがない。

- プログラム中に cur[0] や cur[1] というものが出てくるが、これがわかりにくい。たとえば cur[0] は y 座標、cur[1] は x 座標を表しているが、それが字面からまったく伝わってこない。もう少しわかりやすくできないか。

これらはいずれも非常に重要な問題点だ。順に考えてみよう。

6.3.1 可視化による正しさの確認

まず最初の問題点である正しさの確認について考えてみよう。一見したところ、単純な放物運動であればシミュレーションによらない厳密な結果を求めることもできるので、これを使ってシミュレーション結果の正しさを確認すればよいように思える。しかし、これはいつでも使える方法ではない。むしろ、厳密な結果を求めることができないからシミュレーションする場合が多いので、この方法はまず使えないと思ったほうがよい。

正しさを調べるには、ライフゲームでもやったように、可視化をするのが効果的だ。しかし、可視化にあたっては2番目の問題点にも気をつける必要がある。一定の画面内で物体を移動させるのが素直な可視化だろうが、注意しないと物体が画面外へ飛んでいってしまう。3・4番目の問題も重要だが、これらは独立した案件なので後回しにすることにして、まずは1番目と2番目の問題を解決することにしよう。

まず、可視化のことは一旦脇において、可視化に必要な情報、つまり各時刻での座標を求めるプログラムを記述しよう。ただし、画面外に物体が飛んでいってしまうのを避けるため、x 座標と y 座標はともに 0 以上 100 未満であることを要求し、この範囲から外れたらシミュレーションを停止するようにしよう。以下がそのプログラムだ。

```
def parabolic_motion(y, x, vel_y, vel_x):
    stride = 0.3    #時間刻み幅 (秒)
    cur = [y, x, vel_y, vel_x]
    result = []     #結果格納用
    while (0 <= cur[0] < 100 and 0 <= cur[1] < 100):
      #0 <= x < 100, 0 <= y < 100 の間実行
      result.append(cur) # 現状を results に追加
      cur = parabolic_m_step(cur[0], cur[1],
                             cur[2], cur[3], stride)
    return result
```

ここでは for 文ではなく while 文を使っている。for 文は決まった回数繰り返すプログラムに便利だったが、while 文はある状況になるまで繰り返すプログラムに適している。while 文ではどのような状況であれば繰返しを続けるかを表す条件 (ここでは cur[0] と cur[1] がともに 0 以上 100 未満) を

指定する。その条件が成り立っている間、for 文と同様、直後のインデントされた処理を繰り返し実行する。今回であれば「result という配列の末尾に append 関数（5.6 節参照）で現在の座標・速度を追加し、さらに stride 秒後の座標・速度を求める」という処理を繰り返す。最終的には各時刻での座標・速度が並んだ配列を返す。

次にこの結果を可視化しよう。現時点では物体の座標と速度を求めているが、可視化する上でその物体を画面上にどう描画するかを決めなければならない。ちょうど 5.5 節で円を描くプログラムを用意したので、物体はボールであったことにしてこれを利用しよう。

```
import ita
def parabolic_motion_ball(y, x, vel_y, vel_x):
  result = parabolic_motion(y, x, vel_y, vel_x)
    #シミュレーション結果を取得
  images = ita.array.make1d(len(result))
    #アニメーション用の配列を準備
  for i in range(0, len(result)):
    image = ita.array.make2d(100, 100)
    cur_y = 99 - round(result[i][0])   #物体の y 座標（反転）
    cur_x = round(result[i][1])        #物体の x 座標
    draw_circle(5, cur_y, cur_x, 1, image)
      #その時刻の物体の座標に半径 5 の白い円を描く
    images[i] = image #画像の配列に格納
  return images
```

多少複雑に見えるかもしれないが、内容はこれまで作ってきたものを組み合わせただけだ。まず、parabolic_motion を実行し各時刻での物体の座標を得る。次に、その結果をもとに、各時刻での状況の画像を作る。これは単に ita.array.make2d でキャンバスを作り、draw_circle で適切な座標に円を描くだけだ。ただし、parabolic_motion で計算した座標は小数なので、round 関数で小数点以下を四捨五入して整数にしている。また、画像は左上が原点となっているので、そのまま描くと上に向かってボールが落ちてしまう。これを避けるため、y 座標は 99 から引いた値を使っている。最後に、そうやって作った画像の列を plot.animation_show に渡せばよい。ボールが放物運動するさまが表示されるはずだ。

```
> ani = parabolic_motion_ball(5, 5, 20, 10) ⏎
> ita.plot.animation_show(ani) ⏎
```

せっかくなので、ここでwhile文の使い方についてまとめておこう。

―――――― while文の使い方 ――――――

- 「while 条件:」と書くことで繰返しが行われる条件を指定する。条件が真である間は繰返しが行われる。

- 上記に続けて繰り返したい処理の内容を記述する。繰り返したい範囲はインデントで特定する。

6.3.2 モジュール化再訪

さて、3番目の問題だ。より複雑なシミュレーションの例として、ここでは空気抵抗がある場合を考えてみる。空気抵抗によって運動物体が受ける力の計算は複雑だが、仮に速度に比例するとしよう。一般に、この変更はプログラミングとしてはまったく難しくない。加速度が速度に比例して減少するよう、parabolic_m_stepを以下のように少し変更するだけでよい。下線部が変更点だ。

```
def parabolic_m_step(y, x, vel_y, vel_x, stride):
  #(x, y): 現在位置
  #(vel_x, vel_y): 現在の速度ベクトル
  #stride: 時間刻み幅
  g = 9.8 #重力加速度
  k = 0.1 #空気抵抗に関する係数。仮に0.1とする
  y = y + vel_y * stride
  x = x + vel_x * stride
  vel_y = vel_y - g * stride - k * vel_y * stride
  vel_x = vel_x - k * vel_x * stride
  return [y, x, vel_y, vel_x]
```

これは、空気抵抗の場合に限った話ではない。重力加速度がある地点からの距離の2乗に反比例しようと、はたまたもっと難しい影響を考えようとも、

理屈は同じだ。微分方程式を数学的に解こうとする場合、式の形が少し変わると解くのが飛躍的に難しくなることがある。しかし、式の形が変わってもプログラムはほとんど変わらない。物理法則から速度や加速度がどう変化するかがわかれば、あとは差分化に従って parabolic_m_step を与えればよい。それ以外の部分はまったく変わらない。

これはまさしく<u>モジュール化</u>の恩恵だ。問題を適切な要素に分解し、それぞれを独立させた形で実現したおかげで、変更を行う際にも一部分だけを変えるだけですんでいる。

モジュール化がプログラムの設計に影響しているもう1つの例として、parabolic_motion_ball と parabolic_motion の関係を取り上げよう。これらを2つに分けたことで、2種類の繰返し（parabolic_motion の while 文と parabolic_motion_ball の for 文）が行われるようになっているが、これらは問題なく1つにまとめられる。2つに分けたのは無駄なのではないだろうか？

まず、モジュール化の観点からは、これらは独立なものだから別個のモジュールに切り分けるのが自然だ。物体の運動のシミュレーションそのものと、そのシミュレーションの可視化は、本質的には無関係だ。物体運動シミュレーションは可視化せずとも意味のある計算だし、可視化する際には物体がどのような方程式に従って動いているかを知る必要はない。

もちろん、別個のモジュールに切り分けた結果、プログラムとして非常に無駄が大きくなってしまっては困る。無駄がどの程度なのか、実行速度を見積もって調べてみよう。

実行速度を考える上では、parabolic_motion で while 文が何回繰り返されるかが問題になる。while 文の実行時間は for 文の場合に比べてわかりにくいが、速度がおおむね似たような値をとっているなら、物体が画面外に出るまでにかかる繰返しの回数は初期速度・実行の時間刻み幅（Δt）の両方に反比例する。とりあえずはこの回数を n としよう。parabolic_motion_ball では、parabolic_motion の終了後、result の長さに比例する程度の処理を行う。result の長さは n なので、要するに parabolic_motion_ball の実行時間は n に比例する程度だ。さて、繰返しを1つにまとめたらどうなるだろうか？ 結局のところ、物体が画面外に出るまでの繰返しの回数が変わるわ

けではないのだから、実行時間は先ほどと同様 n に比例する程度だ。つまり、繰返しを 2 つに分けたことによる実行時間への影響は大きくないと言える。

もちろん、この実行時間の見積もりは大雑把だ。しかし、大雑把な見積もりで大差がないなら、他の観点での得失を優先してプログラムを設計するのは悪くない。まさしく今回がこのケースだ。

6.4 【発展】オブジェクト指向

さて、後回しにしていた最後の問題点である「parabolic_motion 中に現れる cur[0] 等がわかりにくい」について考えよう。そもそも、配列が必要だったのは parabolic_m_step が 4 つの値を同時に返したいからだった。つまり、cur[0] 等が現れるのは parabolic_m_step の事情であり、それが parabolic_motion に影響するのは確かにおかしい。ある種のモジュール化の失敗だと言える。

この点を改善するには、parabolic_m_step が「値 4 つ（と stride）を取って値を 4 つ返す関数」ではなく、「運動する物体を引数とし、新しい物体を返す」ものだとすればよい。このように変更した parabolic_m_step を以下に示す。parabolic_m_step を呼び出す部分もこれに伴って変更する必要があるが、簡単なので省略する。

```
def parabolic_m_step(obj, stride):
    #obj = [y, x, vel_y, vel_x]
    g = 9.8 #重力加速度
    y = obj[0] + obj[2] * stride
    x = obj[1] + obj[3] * stride
    vel_y = obj[2] - g * stride
    vel_x = obj[3]
    new_obj = [y, x, vel_y, vel_x]
    return new_obj
```

こうすれば、parabolic_motion 中に配列の添字による操作は現れなくなる。その代わりに parabolic_m_step では添字操作が必要だが、局所的なものであり、注意深くコメントを書けば理解できる範囲だろう。

このモジュール化は <u>オブジェクト指向</u> の考え方に基づいている。オブジェクト指向とは、何らかの主体（特に **オブジェクト** と呼ぶ）を中心に現象を捉え、それら主体の間のインタラクションとしてプログラムを構成する考え方だ。オブジェクト指向ではないプログラミングでは、基本的には「どのような処理が行われるか」を記述することになる。これに対し、オブジェクト指向では「**誰が**どのような処理を行うか」という発想に基づきプログラムを構成する。この「誰が」がオブジェクトだ。

今回の放物運動シミュレーションであれば、たとえば「運動する物体が各時刻の自分の座標を計算」し、「画像作成オブジェクトが物体の位置に円の描かれた画像を作成」し、「アニメーション作成オブジェクトが画像の列をアニメーションとして表示」する、というような考え方で捉えればオブジェクト指向となる。確かに上記 `parabolic_m_step` は「運動物体が自身の座標を更新する」関数と理解すれば自然で、オブジェクト指向的だと言えるだろう。「画像作成オブジェクト」や「アニメーション作成オブジェクト」はこれまで考えてこなかったが、これらも明示的に扱うようにすれば、よりオブジェクト指向的なプログラムとなる。

オブジェクト指向は自然なモジュール化につながる。たとえば、運動対象の物体というオブジェクトに注目した場合、その物体にまつわることは自然とモジュールをなす。また、そのようにオブジェクトからモジュールを構成できれば、それは基本的には他のオブジェクトと独立しているのだから、単体でテストや再利用を行うことができる。

実は Python はオブジェクト指向プログラミング言語であり、オブジェクト指向によるモジュール化を支援する機能が多くある。また言語の設計そのものがオブジェクト指向の考え方に基づいている部分も多い。今まで学んできた内容にも、オブジェクト指向の観点から眺めると自然に理解できる部分がいくつもある。

オブジェクト指向では「誰が」処理を行うかを常に問う。そのため、処理主体となるオブジェクトがどのような種類のものであるかが重要になる。そのオブジェクトがどのような処理を行うことが可能で、またその処理をどのように実行するかは、そのオブジェクトの種類に依存するからだ。たとえば、人間オブジェクトであれば空を飛ぶことはできないだろうし、飛行機オブジェ

クトと鳥オブジェクトであれば、同じ「空を飛ぶ」という処理が可能だったとしても、処理の内容はまったく異なるだろう。これと似た状況を 4.11 節ですでに見ている。たとえば、「5 * 3」と「[3, 0, 5] * 3」を考えるとき、前者は「整数 5 が『* 3』という処理を行う」、後者は「配列 [3, 0, 5] が『* 3』という処理を行う」だと理解すれば、処理主体が整数と配列というまったく異なる種類のオブジェクトなのだから、処理内容が異なるのも自然だということがわかるだろう。つまり、「型（つまりオブジェクトの種類）がそれに対する操作を規定する」「異なる型に対する同名の処理は原則無関係」という状況は、オブジェクト指向であれば自然に導かれる。

　オブジェクト指向では「異なる型に対する処理は無関係」が原則なのは先ほども確認したとおりなのだが、オブジェクト指向を推し進めてゆくと、事態はそれほど簡単ではないことに気づく。たとえば、鷹オブジェクトと鷲オブジェクトであれば、「空を飛ぶ」という処理の内容はほとんど同じだろう。両者は厳密には種類（型）が異なるが、大雑把に見れば両方とも鳥なのだから。このように、オブジェクトの種類は「同じ」か「違う」かにはっきり別れるものではなく、「似ている」ものがあり、似たオブジェクト同士は共通の処理を行える可能性がある。たとえば、配列と文字列には共通する処理がいろいろあったが、これは両者が「1 列に要素が並んでいる」という意味で似たものだからだ。同様に、range 関数の結果も 1 列に並んだ数値を意味するため、配列や文字列と同じ処理が使える場合がある。

```
> x = range(10, 20) ⏎
> x ⏎
range(10, 20)
> x[5] ⏎
15
> x[3 : 7]
range(13, 17)
> len(x) ⏎
10
```

　ここでは、range 関数の結果に対して、5 番目の要素を参照したり、3 番目から 7 番目の要素からなる列を作ったり、列の長さを求めたりしている。配列と同じように扱えていることがわかるだろう。for 文における繰返し範囲

の指定もこの性質を使っている。for 文では「順番に処理する」ことが可能な種類のオブジェクト[3]なら何でも用いることができる。その処理が可能なら処理主体のオブジェクトが何者であるかを意識せずにすむ、というのはオブジェクト指向によるモジュール化の 1 つの長所になっている。

特にゲームやシミュレーションなどで物体やキャラクターなどを動作・行動させる場合、動作の主体が明確であるためにオブジェクト指向の考え方が自然にマッチする場合が多い。モジュール化の方法に迷った場合には「何が主体なのか」を考えてみるとよいだろう。

6.5 break を伴う繰返し

ここまで、繰返しを表すのに for 文と while 文を使ってきた。for 文は決まった回数の繰返しに便利で、while 文は特定の状況になるまでの繰返しに便利だ。しかし、両者の中間的なものが欲しくなる場合もある。

例として、配列の要素すべての積を求めることを考えよう。もちろん、普通に掛け合わせればよいのだが、0 が出てきた場合その時点で結果は 0 だとわかってしまう。つまり、やりたいことはほとんど for 文なのだが、しかしいつも要素すべてを処理する必要もない、という状況なのだ。このような場合、break 文 というものを使うと便利だ。break 文は for 文や while 文の繰返しを強制的に終わらせる。これを使えば、要素の積を求めるプログラムを以下のように記述できる。

```
def product(a):
  p = 1
  for i in range(0, len(a)):
    print(a[i]) # 実行の過程の確認用
    p = p * a[i]
    if a[i] == 0:
      break
  return p
```

---

[3] 1 列に要素が並んでいるものはもちろん、枝分かれがあったり並んですらいなかったりするものでも、順番に要素を取り出したり訪問したりできるものであればよい。

> **コラム：オブジェクト指向をサポートする言語機能**
>
> オブジェクト指向は考え方であり、特定のプログラミング言語や言語機能と直接関係するわけではない。しかし、オブジェクト指向に基づいてプログラムを作る際に便利なために、多くの言語で使われている言語機能群がある。オブジェクト指向を知るのであれば、それらの機能群も知っておくほうが無難だろう。
>
> 　最も代表的なものは **クラス** だ。クラスはオブジェクトの種類を表す。種類と言ってもさまざまで、人間や動物などといった現実に存在するもの、座標や多項式などの数学的概念、配列や画像描画のキャンバスなどプログラミングのための機能、また場合によっては正義や平和のようなものかもしれない。クラスは自由に作ることができ、プログラマが目的に合わせて設計する。
>
> 　複数のクラス間に関係がある場合は多い。たとえば人間は動物の一種だから、人間クラスに属するものは動物クラスにも属していなければおかしい。このような関係は **サブクラス** 関係と呼び、たとえば人間は動物のサブクラスとなる。逆に動物は人間の **スーパークラス** にあたる。
>
> 　人間が動物のサブクラスである以上、動物一般に成り立つことや動物一般ができることは人間にも同様に成り立つはずだ。この状況を表すには **継承** と呼ばれる機能が便利だ。継承とは、スーパークラスの機能をサブクラスが引き継ぐ機構だ。一方で、同じ行動であっても、たとえば動物が食べるのと人間が食事をするのでは実態が大きく異なる。このように、スーパークラスの機能をそのまま継承するのではなく、サブクラス特有の形に変更する機能を **オーバーライド** と呼ぶ。このような機能により、さまざまな動物が同じように「食べる」という動作を実行でき、しかしどの動物であるかによって実際に行われる内容が違う、というような状況が簡単に実現できる。
>
> 　これら機能を活用するプログラミング手法はよく研究されており、また言語もこれら機能をより活用できるよう進化してきている。そのため現代では、思想的な背景はさておき、これらを活用する方法こそが「オブジェクト指向プログラミング」だという考え方も広く受け入れられている。

　このプログラムでは、for 文の中に if 文があり、要素 a[i] が 0 かどうかを調べている。もし 0 だった場合には break 文が実行され、繰返しが終了する。なお、テストの際にどの要素まで処理したかがわかるように print 文を挿入している。

　実際に動作を確認してみよう。0 に遭遇するまでは各要素を処理しているが、0 に遭遇した途端に繰返しを終了している様子が見て取れる。

```
> product([3, 1, 2, 4]) ↵
3
1
2
4
24
> product([3, 1, 0, 2, 4]) ↵
3
1
0
0
> product([3, 0, 1, 0, 2, 4]) ↵
3
0
0
```

繰返しはプログラミングの最も基本的な要素で、いろいろな場合がある。目的にあった書き方ができると、簡潔でわかりやすいプログラムになるだろう。

練習問題

練習問題 6.1. 以下のアイデアに基づき、入力された 2 以上の整数 n の n 自身を除く最大の約数を求める関数 ex6_1 を定義せよ。

$n-1$ から順に 1 つずつ数を減らしながら n が割り切れるまで試す。

以下は実行例である。

```
> ex6_1(35) ↵
7
```

練習問題 6.2. 練習問題 6.1 を参考に、入力された正整数 n と m の最大公約数を求める関数 ex6_2 を定義せよ。以下は実行例である。

```
> ex6_2(24, 42) ↵
6
```

練習問題 6.3. 与えられた正整数 n に対し、$2^m \geq n$ となる最小の整数 m を求める関数 ex6_3 を定義せよ。さらにその関数の実行時間を見積もれ。以下は実行例である。

```
> ex6_3(100) ⏎
7
```

練習問題 6.4. 以下に示すロジスティック方程式は生物の個体数の変化を表すモデルの1つである。

$$\frac{\mathrm{d}}{\mathrm{d}t}x(t) = a \times x(t) - b \times x(t)^2$$

ここで $x(t)$ は時刻 t におけるその生物の個体数、a は餌や縄張りなどを巡る種内競争を表すパラメタである。この微分方程式を差分化して漸化式を求め、それを計算機シミュレーションする関数 ex6_4 を作成せよ。この関数は $x(0)$、a、b、Δt、そして繰返し回数をこの順に引数に取り、各繰返しでの $x(t)$ の値を順に並べた配列を返すものとする。以下は $x(0) = 10$、$a = 0.6$、$b = 0.3$、$\Delta t = 0.25$ のとき、$x(0.25), x(0.5), \ldots, x(2)$ を求めている実行例である。

```
> ex6_4(10, 0.6, 0.3, 0.25, 8) ⏎
[4.0,
 3.4,
 3.043,
 2.804961325,
 2.6356199211440683,
 2.50997598166608187,
 2.4139739217713774,
 2.3390247529126627]
```

練習問題 6.5. 積分は微分方程式の解だとみなすことができる。

$$g_a(x) = \int_a^x f(x)\mathrm{d}x \iff \frac{\mathrm{d}}{\mathrm{d}x}g_a(x) = f(x) \text{ かつ } g_a(a) = 0$$

よって、その近似値を差分化により求めることができる。この考え方を用いて、与えられた関数 $f(x)$ の定積分 $g_a(b) = \int_a^b f(x)\mathrm{d}x$ を計算する関数 ex6_5 を作成せよ。この関数は f、Δx、a、b をこの順に引数に取るものとする。なお $a \leq b$ を仮定してよい。以下は $f(x) = x^2$ に対する $\Delta x = 0.01$、$a = 0$、$b = 1$ での実行例である。

```
> def square(x):
    return x * x ⏎
> ex6_5(square, 0.01, 0, 1) ⏎
0.32835000000000036
```

幕間

テストとデバッグの基本

　さて、ここまでさまざまなプログラムを作ってきた。その過程で、エラーが出てしまったり、変な結果が出てしまったりすることもかなりあったのではないかと思う。ここで、プログラムのテストや、うまく動かないプログラムの修正のための基本的な方法についてまとめておこう。なお、プログラム中の間違いを **バグ**、バグを修正することを **デバッグ** と呼ぶことが多い。本書でも以降ではこの呼び方を使う。

　まずテストの方法だ。テストの際に、適当に大きな入力を与えたりする人がいるが、結果が正しいかどうか確認できないのではテストにならない。テストでは、結果がわかっている入力を与え、得られた結果が予想通りであるかを確認することが重要だ。なお、誤差を伴うプログラムなどでは必ずしも結果が想定通りにならないかもしれない。その場合でも、その結果が想像の範囲から外れていないかを確認するようにしよう。

　テストでは必ず複数の入力を試すことも重要だ。入力1つだけでは偶然正解しているかもしれない。可能な限り性質の違う入力を複数試すようにしたい。たとえば、`if` 文を使っているなら、条件が `True` になる場合と `False` になる場合の両方を試すようにしよう。また、**コーナーケース** を試すことも重要だ。大小比較を条件にしているなら両辺が一致する場合、`while` 文や `for` 文ならループを一度も実行しない入力、整数なら 0 や 1、配列なら空列など、考慮から外れやすく動作がおかしくなりやすいものがコーナーケースと呼ばれる。

　テストを行う場合は、すぐにプログラムが停止するような簡単な入力から

始め、徐々に複雑な入力を試すようにする。これは、最初から複雑な入力を試すとプログラムの実行に時間がかかりすぎる場合があるためだ。また、複雑な入力で見つけたバグではデバッグが難しいことも理由の 1 つだ。

以上のようにテストを行い、バグを見つけた場合には、以下の手順でデバッグを行う。

まず最初に、エラーメッセージが出た場合には**必ずエラーメッセージを読むこと**。エラーメッセージを読もうとしなかったり、エラーメッセージを見るとパニックになってしまったりする人がいるが、エラーメッセージにはデバッグのための貴重な情報が含まれていることが多い。最初は意味がよくわからないかもしれないが、何度かデバッグをしているうちに、どのようなエラーメッセージがどのようなバグに対応するのかだいたいわかってくる。また、見たことのないエラーの場合などでは、エラーメッセージをインターネットで検索するのも効果的だ。いずれにせよ、エラーメッセージを理解しようとする努力は怠るべきではない。

次に、バグを見つけた場合には、すぐにバグの原因を解明しようとするのではなく、もっと簡単で小さな入力で同じバグを起こせないかを試すようにしたい。デバッグはかなり難しいことが多い。少しでもバグの原因の解明を容易にしておくのが、遠回りのようでも結果的に早いことが多いのだ。

バグを起こす適切な入力が得られたら、バグの原因となっている部分を特定する。よく使われる方法は以下の 2 種類だ。

print 法： print 関数などを使ってプログラムの動作状況を随時出力してゆき、どこで想定と異なる状況が起こっているのかを突き止める方法だ。これは非常に基本的で有用なのだが、どの程度細かく動作状況を出力するかに悩まされることがある。出力が少なすぎるとバグの原因が特定できないかもしれない。しかし、特にループのあるプログラムの場合などでは、細かく出力すると出力結果が膨大になってしまい追い切れなくなってしまいかねない。この方法を使う場合には、極力簡単な入力でバグを起こすようにしよう。また、ループや関数などがある場合、その途中結果ではなく最終結果を出力することで、どのループや関数に問題があるのかをまず特定しようとするとうまくいくことが多い。

コメントアウト法： バグが出なくなるまでプログラムを削ってゆくことでバグの位置を特定する方法だ。たとえば、20 行からなるプログラムが正しく動作しない場合に、後半 10 行をコメントにした（ただし必要な変数などがあれば適当に定義する）プログラムを実行し結果を確認する方法だ。これで結果が正しければ、コメントにした後半 10 行が原因だとわかるので、今度はコメントを 5 行に減らし……としてゆけばよい。また、後半 10 行をコメントにしても結果がおかしくなる場合には、逆にコメントにする範囲を増やしてゆけばよい。プログラムが実行できないようなエラー（たとえば `SyntaxError` など）を修正する場合には、この方法は特に有効だ。

　いずれの方法を使うにしても、とにかく「バグがある範囲を狭めてゆく」ことを意識することが重要だ。バグの原因をピンポイントで特定するのは難しい。むしろ、正しく動作しているのはどの部分かを調べることで結果的にバグを発見する、という意識のほうが近いかもしれない。

　以上、テストとデバッグの方法を説明してきたが、実際のところテストやデバッグのしやすいプログラム、よくモジュール化されたプログラムを作ることが最もテストやデバッグに貢献する。特に、プログラムを一通り全部書き上げてからテストをするのは最悪だ。プログラムが大きいとバグの原因を特定するのが難しくなるし、複数のバグが絡み合ってまったくわけのわからない結果になってしまうことも少なくない。一見面倒でも、適切にモジュール化し、各モジュールごとに正しさを確認しながら進めるのがよい。なお、むちゃくちゃに書き散らしたプログラムの場合、下手にテストをしたりデバッグを試みたりするより、ゼロから書き直したほうが早い場合すら多い。最初からテスト・デバッグを意識してプログラムを設計・開発する習慣をもつようにしたい。

コラム：読みやすいプログラムと読みにくいプログラム

当たり前のことだが、私たちは正しいプログラムを作らなければならない。そのためには読みやすいプログラムを書くことが最も重要だ。多くの間違いは、プログラマがプログラムの動作を誤解しているために起こる。誤解を避けるためには読みやすいプログラムを書くしかない。読みやすいプログラムであれば、プログラムの動作を正確に理解することができ、間違いも比較的簡単に見つけることができる。

読みやすいプログラムを書くためにはどうすればよいのだろうか。いろいろな要素があるが、代表的な指針を挙げておく。

- 意味のある値に変数として名前をつけ、意味のある処理を関数にまとめる。すなわち、適切なモジュール化を行う。
- 変数名・関数名はその意味が読み取れるものにする。
- 1行にいろいろなことを長々と書かない。また、関数やループなども長大なものにしない。画面内に収まる程度にする、というのがよく言われる基準だ。
- コメントを書く。ただしコメントが多すぎるのもかえって読みにくい。各関数の入出力や代表的な条件分岐の意味などを書いておくのがよい。
- よく使われる標準的な書き方を用いる。たとえば、一定回数の繰返しには for 文を用い、逆に繰り返さない処理をあえて for 文で書いたりしない。

本書のプログラムには、スペースなどの事情で、必ずしもこれら指針を守れていない部分がある。機会があればさまざまなプログラムを眺めてみることをお薦めする。

一方で、世の中には意図的に書かれた「読みにくいプログラム」もある。理由はいくつかある。まず、娯楽やプログラミング技術のデモンストレーションとして行われる場合がある。実際にさまざまな難読プログラミングコンテストが開催されており、プログラムの難解さや複雑さが競われている。また、産業スパイ等を防ぐために難読プログラムが使われる場合もある。プログラムの動作に秘密にしたい内容がある場合に、ソースコードやそれから得られた機械語から秘密が漏れてしまうのを防ぐため、わざと解読しがたいプログラムを書く場合があるのだ。とはいえ、このようなことはレアケースだ。まずは読みやすいプログラムを書けるようになろう。

第 7 章

p 値の計算

　みなさんが未だ人類を悩ませ続けている病気に対する特効薬を開発しているとしよう。長年の苦労の結果開発した新薬を患者に投与したところ、1週間後には 16 名もの人が快復した。劇的な効果だ。苦労が報われた。
　……この話、どこかおかしなところはないだろうか。16 名が快復したと言っても、何名の患者に新薬を投与したかわからない。16 名中 16 名快復なら良い成績だが、1 万名中 16 名なら偶然かもしれない。つまり何名に新薬を投与したかが問題だ。
　さて、新薬を投与した人数が 20 名だったとする。

	快復した	快復しなかった
新薬を処方した	16 名	4 名

8 割が快復したならかなり良い成果に見える。しかし、「人類を悩ませ続けている病気」が風邪だとするとどうだろうか。風邪だったら治療をしなくても 1 週間後にはかなりの割合が快復しているだろう。だとすると、16 名が快癒したのは本当に新薬の効果だったと言えるのだろうか？
　つまり、新薬の効果を確かめるためには治療をしない患者との比較が必要だ。いま、新薬を処方した患者と処方しなかった患者で快復者が以下の表のようになったとしよう[1]。

---

[1] より正確にはもう少し緻密な実験が必要だ。まず、治療を試みるだけで快復しやすさに影響することが知られている。よって、「治療を試みたために快復した患者が増えた」のではなく新薬の効果である、と確認するためには、「治療をしない」ではなく「効果のない薬を処方する」ことが必要だ。さらに、快復したかどうかはある程度主観に依存してしまう。医師が「この患者には新薬を処方した」と知っていることが、無意識に快復の診断に影響してし

108　第 7 章　p 値の計算

	快復した	快復しなかった
新薬を処方した	16 名	4 名
処方しなかった	9 名	6 名

このとき、新薬は効果があったと言えるだろうか？　新薬を処方した患者の快復確率は 80%、処方しなかった患者の場合は 60% なので、たしかに新薬を処方した方が快復した割合が高い。しかし、この差は本質的なものだろうか。たとえば、もし処方をしなかった場合の快復者が 10 名だったらどうだろうか？　新薬を処方した場合と処方しなかった場合でどの程度の差があれば、新薬に効果があると言えるだろうか？

このような判断には p 値 と呼ばれるものを使うことが多い。本章では p 値の計算について考えてみよう。

7.1　p 値とは

ひどく大雑把に言うと、p 値は「今回の結果が（実験の意図に反して）偶然得られた確率」を意味する。もう少し正確には「ある仮説を確認しようとして実験をしたとき、その仮説が間違いであったとしても同等以上の結果が得られる確率」だ。これが十分に低ければ、仮説は正しいと考えてもよいだろう、となる。

先ほどの例を用いて説明しよう。今回は「新薬には効果がある」という仮説を確認するために実験を行った。しかし、実験結果によれば、仮に新薬に効果がなかったとしても、9 / 15 程度は快復する。ということは、偶然 20 名中 16 名が快復することもありえなくはない。より極端に、17 名や 18 名が快復することも、確率は低いながらありうる。では、「新薬に効果がなかったとして、20 名中 16 名以上が快復する確率」はいくつだろうか。これが今回の p 値だ。

まず、$9 / 15 = 0.6$ が治ると仮定する[2]。この場合に、20 名中 k 名が治る確率を求めよう。${}_n C_m$ を n 個の中から m 個を選ぶ組合せの数とする。この

まう可能性がある。そのため、どの患者に新薬が処方されたかは診断する医師にも知らせない必要がある。このように、患者にとっても医師にとっても「新薬を処方したかどうか」がわからないようにする方法を「二重盲検法」と呼ぶ。

[2] 実際には、病気から快復した人数が偶然 9/15 であっただけかもしれない。この点を考慮すると、p 値を求めるにはもう少し複雑な計算が必要になる。

とき、治る（確率 0.6）が k 名、治らない（確率 0.4）が $20 - k$ 名おり、治る人の選び方が $_{20}\mathrm{C}_k$ 通りあるので、確率は

$$0.6^k \cdot 0.4^{20-k} \cdot {}_{20}\mathrm{C}_k$$

となる。p 値は $k \geq 16$ のときの確率の総和なので、

$$\sum_{k=16}^{20} 0.6^k \cdot 0.4^{20-k} \cdot {}_{20}\mathrm{C}_k$$

となる。計算してみると、およそ 0.051 の確率で 20 名中 16 名以上が偶然治ることがわかる。

この結果をどう解釈するかは状況による。0.051 という確率はそれほど高くはない。偶然起こるのは 20 回に 1 回ほどなので、偶然ではないと思ってもよさそうだ。しかし、逆に言えば、20 回に 1 回は偶然起こるので、絶対に偶然でないとは言いがたい。もしこの新薬の効果に確信を持ちたいのだとすれば、ちょっと不十分な結果にも思える。いずれにせよ、この p 値が新薬の効果を評価する 1 つの基準たりうることがわかると思う。

7.2　p 値を計算するプログラム

さて、一般の状況を考えよう。新薬を p 名に処方したところ q 名が治癒し、処方しなかった r 名のうち s 名が治癒したとしよう。

	快復した	快復しなかった
新薬を処方した	q 名	$p - q$ 名
処方しなかった	s 名	$r - s$ 名

このときの p 値は以下の式で求めることができる。

$$\sum_{k=q}^{p} (s/r)^k \cdot (1 - s/r)^{p-k} \cdot {}_p\mathrm{C}_k$$

式としてはそれほど複雑ではないが、これを手計算で求めるのはかなり面倒だ。可能ならコンピュータに計算させたい。

コラム：p 値の不適切な利用 (1)

p 値は科学技術の成果を評価する重要な基準として用いられており、たとえば新薬が商品化できるかどうかの基準の 1 つとなりうる。多大な金銭や名誉がからむものなので、なんとか p 値が小さくなるように不適切な実験やデータ処理がなされる可能性がある。このような p 値を小さく見せかける方法を p 値ハッキングと呼ぶ。

いま p 値が 0.05 未満の実験結果が望まれているとしよう。

まず最も簡単な p 値ハッキングは、評価実験を何度も行うことだ。p 値が 0.05 ということは、20 回実験すれば平均的には 1 回は偶然そのような結果が出るということだ。よって、p 値が 0.05 未満の実験結果が出るまで実験を繰り返すのはそれほど難しいことではない。実験を繰り返すのは明らかに不適切だが、似たようなことをより適切に見える形で行ってしまうことは少なくない。たとえば、実験結果が良くなかったとき、被験者が少なかったせいだと考えて被験者を増やしてみたり、または一部の被験者を「実験に適さない理由があった（たとえば治癒対象の病気以外に持病があった、など）」として排除してしまったり、ということをしてしまいがちである。しかし、前者は明らかに再実験の一種だし、後者もそれを問題視するなら実験開始前に排除しておかなければならない。また、これらほど悪質でないとしても、少し実験条件などを「改善」して再度実験してみる、というようなこともしたくなるが、実質的に p 値ハッキングを行うことになってしまいかねない。

他にやりがちなことは、複数の評価基準を用意することだ。たとえば、ある新薬が効く可能性がある病気が複数種類ある場合には、それらを一通り調べてみたくなる。しかし、たとえば 20 種類の病気を調べるとどうなるだろうか。どれか 1 種類ぐらいは偶然 p 値が 0.05 未満となってもまったくおかしくない。つまり、複数種類の評価基準を同時に調べたいとすれば、その分 p 値の基準はより厳しくしなければならない。にもかかわらず、「効果があった」という結果の出た病気についてのみ報告するのは、典型的な p 値ハッキングとなる。

似た方法として、「効果があった」とする基準を恣意的に選ぶ方法もある。たとえば、新薬を処方したか否かで、3 年間生存できた人数を調べ p 値を計算したところ十分な差がなかったとしよう。このとき、1 年間生存できた人数は、また 5 年間生存できた人数は、といろいろ調べれば、どれかでは偶然 p 値が小さくなってもおかしくない。

（「コラム：p 値の不適切な利用 (2)」に続く）

7.2. p 値を計算するプログラム 111

> **コラム：p 値の不適切な利用 (2)**
>
> p 値ハッキング以外にも、不適切に p 値を使ってしまう可能性はある。
>
> まず重要なのは、p 値が小さいことは「成果物に効果がある」ことを必ずしも意味しない、ということだ。今回の例であれば、p 値は「『新薬を処方した患者と処方していない患者の治癒率には差がない』と仮定したときに、この実験結果が得られる可能性」である。よってそもそも仮定が不適切であれば意味をなさない。たとえばもし「病院に来ていない人」を「新薬を処方しない」ケースに含めていた場合、少なくとも病院に来た「新薬を処方した」人との比較はそもそもフェアでない。また、仮定が適切だったとしても、p 値が小さいことはその効果が偶然とは考えづらいことを表すだけで、新薬によるものだという証拠そのものにはならない。たとえば、新薬を処方した患者にはより注意深く治療をしていたり、また新薬は金銭的に余裕のある人を中心に処方していたり（金銭的な余裕のある人は食生活や生活習慣などの点で健康状態が良い可能性が高い）、というように、新薬以外の理由でそのような結果が出ているだけかもしれない。
>
> さらに、p 値は「成果物の効果が大きい」こととはまったく関係ない。たとえば、新薬を処方すると 10000 名中 9999 名が治癒し、処方しなかった場合 10000 名中 9995 名が治癒した場合、p 値は 0.05 を下回る。しかし、処方なしで 10000 名中 9995 名が治癒するのに、それを 9999 名が治癒する状況に変えることに意味があるだろうか？ また、新薬を処方しなければ 15 名中 9 名が 5 年生存し、処方すれば 20 名中 17 名が 5 年生存したとしても、新薬を処方して 5 年生存した 17 名のうち 5 名が 5 年と 1 日で死亡していればどうだろうか。1 日寿命が伸びることは大きな効果だと言えるだろうか？
>
> 以上見てきたように、p 値は取扱いが難しく、単に小さな p 値が出ていればよいというものではない。不適切な取扱いとなっている場合も少なくなく、p 値を科学技術の評価に用いるのは避けるべきだという論調もある。とはいえ、便利なものではあるし、それゆえに普及もしている。適切な利用を心がけたい。

ある程度以上複雑なプログラムを作る場合には**モジュール化**の考え方が重要になる。つまり、プログラム全体がどのようなものを組み合わせれば作れるのかを考える。p 値の計算であれば、以下のような要素があれば十分そうだ。

- $_pC_k$ を求める
- $q \leq k \leq p$ なる k についての総和を求める

たとえば、組合せ数 $_pC_k$ を求める関数 comb が仮にすでに出来上がっている

とすると、以下のプログラムで p 値を計算できそうだ。なお、k の値は q 以上 p 以下なので range 関数の引数が q と p+1 でなければならないことに注意しよう。

```
def pvalue(p, q, r, s):
  sum = 0
  for k in range(q, p + 1):
    pk = (s / r) ** k * (1 - s / r) ** (p - k) * comb(p, k)
    sum = sum + pk
  return sum
```

実行した結果は以下のようなものになるはずだ。

```
> pvalue(20, 16, 15, 9) ⏎
0.0509519531941665
```

あとは組合せ数をうまく計算する関数 comb が手に入ればよい。

7.3 組合せ数のさまざまな計算方法

それでは、組合せ数を計算する関数 comb の実現方法を考えよう。実は、これにはさまざまな方法がある。ここでは 3 種類紹介しよう。

7.3.1 階乗を使う方法

組合せ数は階乗を使えば計算ができることがよく知られている。n の階乗を $n!$ とする。

$$_n\mathrm{C}_m = \frac{n!}{(n-m)! \cdot m!}$$

階乗の計算は for 文を使えばそれほど難しくない。n の階乗であれば、1 から始めて n まで掛け合わせればよいだけだ。

```
def factorial(n):  #n の階乗を求めるプログラム
  f = 1
  for i in range(2, n + 1):
    f = f * i
  return f
```

7.3. 組合せ数のさまざまな計算方法

```
                    1
                  1   1
                1   2   1
              1   3   3   1
            1   4   6   4   1
          1   5  10  10   5   1
        1   6  15  20  15   6   1
      1   7  21  35  35  21   7   1
    1   8  28  56  70  56  28   8   1
```

図 7.1 パスカルの三角形

テストしてみよう。正しく階乗を計算できていることが確認できる。

```
> factorial(3) ⏎
6
> factorial(5) ⏎
120
```

これを使えば組合せ数を計算できる。

```
def comb(i,j): #iCj を求めるプログラム
  return factorial(i) / factorial(j) / factorial(i - j)
```

組合せ数の計算についても念のためテストしておこう。

```
> comb(6, 2) ⏎
15.0
> comb(10, 7) ⏎
120.0
```

7.3.2 パスカルの三角形を使う方法

パスカルの三角形（図 7.1）を知っているだろうか。両肩に 1 を並べ、それ以外の数字はすべてその直上の 2 つの数の和としたものだ。実は、この三角形の $n+1$ 行 $m+1$ 列が $_n\mathrm{C}_m$ と一致することが知られている。

第 7 章　p 値の計算

　パスカルの三角形で組合せ数が計算できることは、$_n\mathrm{C}_m = {_{n-1}\mathrm{C}_{m-1}} + {_{n-1}\mathrm{C}_m}$ という漸化式が成り立つことから確認できる。証明はそれほど難しくない。

$$
\begin{aligned}
&{_{n-1}\mathrm{C}_{m-1}} + {_{n-1}\mathrm{C}_m} \\
&= \frac{(n-1)!}{((n-1)-(m-1))!(m-1)!} + \frac{(n-1)!}{((n-1)-m)!m!} \\
&= \frac{(n-1)!}{(n-m)!(m-1)!} + \frac{(n-1)!}{(n-m-1)!m!} \\
&= \frac{m(n-1)! + (n-m)(n-1)!}{(n-m)!m!} \\
&= \frac{n(n-1)!}{(n-m)!m!} \\
&= {_n\mathrm{C}_m}
\end{aligned}
$$

　また、式変形を行わずともこの漸化式の正しさは確認できる。$_n\mathrm{C}_m$ は n 個の中から m 個選ぶ状況だ。このとき、最初の 1 個を選ぶことを決めた場合、残りの選び方は $_{n-1}\mathrm{C}_{m-1}$ 通り。一方、最初の 1 個を選ばなかった場合、残りの選び方は $_{n-1}\mathrm{C}_m$ 通りだ。可能性はこのどちらかしかないから、これを足し合わせたものが $_n\mathrm{C}_m$ となるというわけだ。

　パスカルの三角形を描くことで組合せ数を計算してみよう。

```
import ita
def comb_pascal(x, y):
  table = ita.array.make2d(x + 1, x + 1)
  for i in range(0, x + 1):
    for j in range(0, i + 1):
      table[i][j] = comb_fill(i, j, table)
  return table[x][y]

def comb_fill(i, j, table):
  if j == 0 or i == j:
    return 1
  else:
    return table[i - 1][j - 1] + table[i - 1][j]
```

関数 comb_pascal は 2 次元配列 table でパスカルの三角形を表現する。パスカルの三角形は上の段から順に（i についての for 文）、左から順に（j についての for 文）計算してゆく。具体的な計算は comb_fill 関数が担当する。三角形の両端については 1 を、それ以外は直上の 2 つの和を計算している。

複雑なプログラムだが、先ほどの comb と同じ結果になるだろうか？ 確認してみよう。

```
> comb_pascal(6, 2) ⏎
15
> comb_pascal(10, 7) ⏎
120
```

割り算を使わなかったので整数で結果が求まっているが、それ以外は同じ結果だ。

7.3.3 漸化式を使う方法

パスカルの三角形を描かなくても、そもそも漸化式があれば計算ができるのではないだろうか。パスカルの三角形が示唆するように、組合せ数は以下の漸化式を満たす。

$$\begin{aligned} {}_n\mathrm{C}_m &= 1 & m=0 \text{ または } m=n \text{ の場合} \\ &= {}_{n-1}\mathrm{C}_{m-1} + {}_{n-1}\mathrm{C}_m & 1 \leq m < n \text{ の場合} \end{aligned}$$

この漸化式は、$n-1$ 個から選ぶ組合せ数から n 個を選ぶ組合せ数を求める方法を与えていると理解できる。これをそのままプログラムすることはできないのだろうか？ 実は**再帰**と呼ばれる方法を使えば可能だ。

再帰とは何かを知る前に、まずは再帰を使ったプログラムを見てみよう。

```
def comb_rec(n, m): #再帰による組合せ数の計算
  if m == 0 or n == m:
    return 1
  else:
    return comb_rec(n - 1, m - 1) + comb_rec(n - 1, m)
```

再帰とは、あるものの説明や表現が、そのもの自身を使って行われている状況のことだ。今回の comb_rec 関数であれば、この関数がどういう動作を

行うかの記述の中に、`comb_rec` 関数が登場しているため、**再帰関数** となっている。とはいえ、このプログラムの概形はそう難しくはない。先ほどの漸化式をまったくそのまま Python のプログラムとして記述しているものであることが見て取れるだろう。

しかし、このプログラムは本当に正しく動作するのだろうか？　たとえば「人間とは何か」という問いに対して、「人間とは人間のことである」という再帰的な回答は、論理的に間違っているわけではないが意味がない。このプログラムも再帰に基づいている以上、意味のないものの可能性がある。試してみよう。

```
> comb_rec(6, 2) ⏎
15
> comb_rec(10, 7) ⏎
120
```

テスト結果を見る限り、正しく動作しているように見える。計算結果は `comb_pascal` のものと同じだ。

一般的に言えば、再帰関数は確かに意味のないものとなる可能性がある。しかし、ちゃんと結果が計算できる再帰関数もあり、そのような再帰関数はときに非常に便利だ。今回の `comb_rec` 関数はそのような例の 1 つで、入力が適切であればちゃんと意味をなす。例として、`comb_rec(4, 2)` を計算する過程を示そう。

$$
\begin{aligned}
&\quad \mathtt{comb\_rec(4,\ 2)} \\
&= \mathtt{comb\_rec(3,\ 1)} + \mathtt{comb\_rec(3,\ 2)} \\
&= (\mathtt{comb\_rec(2,\ 0)} + \mathtt{comb\_rec(2,\ 1)}) \\
&\quad + (\mathtt{comb\_rec(2,\ 1)} + \mathtt{comb\_rec(2,\ 2)}) \\
&= (1 + (\mathtt{comb\_rec(1,\ 0)} + \mathtt{comb\_rec(1,\ 1)})) \\
&\quad + ((\mathtt{comb\_rec(1,\ 0)} + \mathtt{comb\_rec(1,\ 1)}) + 1) \\
&= (1 + (1 + 1)) + ((1 + 1) + 1) \\
&= 6
\end{aligned}
$$

プログラムの定義から、m が 0 ないし n と m が一致する場合には、結果を即座に求めることができる。言い換えると n が十分に小さければ結果は求まる

（m ≤ n であることに注意しよう）。n が大きい場合には、より小さな n についての結果を使って最終結果を求めることになる。つまり、全体としては n が小さい場合から順に結果が確定してゆくかたちで計算を進めることができるのだ。

7.4　それぞれの方法の実行時間

3 つの方法を考えたが、それぞれの間に優劣はあるだろうか？　ここでは実行時間を比較してみよう。比較は 2 つの方法で行う。1 つはこれまで同様の理論的な見積もり、もう 1 つは実際に実行して実行時間を測るものだ。

実行時間の測定には補助ライブラリを使う。`ita.bench.bench` 関数は、指定された関数に対してさまざまな数値を入力して実行し、実行時間を記録する。その結果を `ita.bench.plot` 関数に渡せば、入力を横軸、実行時間を縦軸としたグラフが描画される。

注意しなければならないのは、グラフを描く都合上、`ita.bench.bench` 関数を使った実行では、入力としては数値を 1 つだけしか指定できないことだ。`comb` 関数のように入力を複数要求するものは、適当な入力を計算するなどして 1 引数の関数に作り変えよう。たとえば以下のような形だ。

```
def comb_test(n):
    return comb(n, n // 2)
```

この場合、`comb_test` 関数は、$_n\mathrm{C}_{n/2}$ を計算することで `comb` 関数の実行速度を測ることになる。それでは、`comb_test` に対し、入力が 1 から 20 までの場合の実行時間を計測してみよう。グラフが表示されるはずだ。

```
> import ita  ⏎
> result = ita.bench.bench(comb_test, range(0,21))  ⏎
evaluating comb_test ...
...
> ita.bench.plot(result)
```

それでは、さまざまな組合せ数の計算方法の実行時間を比較しよう。まずは階乗を使う `comb` の場合だ。`comb` は `factorial` を 3 回呼び出す。`factorial`

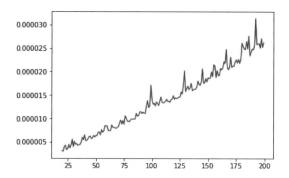

図 **7.2** comb の実行時間。縦軸：時間（秒）、横軸：入力

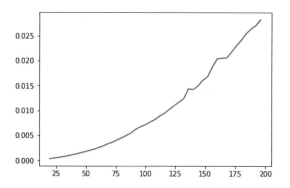

図 **7.3** comb_pascal の実行時間。縦軸：時間（秒）、横軸：入力

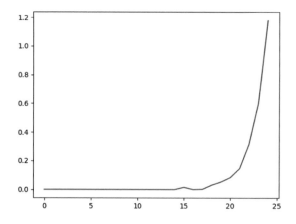

図 **7.4** comb_rec の実行時間。縦軸：時間（秒）、横軸：入力

は入力に比例する程度の時間がかかる。となると、$_n\mathrm{C}_m$ の計算だとすると、全体では $n + (n - m) + m = 2n$ に比例する程度の時間がかかることになる。実際に `ita.bench.bench` 関数を用いて計測してみたものが図 7.2 だ。実行時間が短いために多少ぶれている部分もあるが[3]、確かにおおむね入力に比例する実行時間となっていることが見て取れるだろう。

次に `comb_pascal` の場合を考える。このプログラムは 2 重の `for` 文を使って 2 次元配列を埋めてゆく。埋める要素数は $_n\mathrm{C}_m$ の計算ではおおむね $(n+1)(n+2)/2$ 個で、埋める計算自体は 2 数を足すだけなのですぐ終わる。よって全体では n^2 に比例する程度の時間がかかる。実際に計測してみたものが図 7.3 だ[4]。`comb` の場合に比べグラフが上へと曲がっていっていることが見て取れるだろう。

最後の `comb_rec` はどうだろうか。再帰プログラムの実行時間の見積もりは難しいのだが、大雑把な計算はできる。いま、n 個から m 個選ぶ組合せ数を `comb_rec` で計算するのにかかる時間を $T(n)$ としよう。n が 0 でなければ、`comb_rec` は $n-1$ に関する計算を 2 回行い、その結果を足し合わせる。足し合わせるのにかかる時間を a とすれば、

$$T(n) = 2T(n-1) + a$$

という漸化式が成り立つ。さらに、$n = 0$ のときにかかる時間が b であれば $T(0) = b$ だ。この漸化式の一般項を求めればよい。以下の式変形により、$T(n)$ が 2^n に比例する程度であることがわかる。

$$\begin{aligned} & T(0) = b, \quad T(n) = 2T(n-1) + a \\ \Rightarrow\ & T(0) = b, \quad T(n) + a = 2(T(n-1) + a) \\ \Rightarrow\ & T(n) + a = 2^n \cdot (a + b) \\ \Rightarrow\ & T(n) = 2^n \cdot (a + b) - a \end{aligned}$$

このような計算を行わなくても大雑把な見積もりは可能だ。$a = 0$ なら $T(n) = 2^n \cdot b$ だが、実際には a があるので $T(n)$ はこれよりは大きい。しかしその差

---

[3] 図 7.2 はぶれを小さくするため 10 万回実行した平均値をプロットしている。計測にもっと時間がかかる、つまりもっと大きな入力を用いるのも自然だが、その場合には組合せの数が非常に大きくなり、単純な乗算などに時間がかかるようになるため、きれいに入力に比例した実行時間とはならない。

[4] 図 7.3 も図 7.2 と同様、平均値をプロットしており、実行回数は 1000 回である。

表 7.1　組合せ数を計算する各手法での実行時間の見積もり

関数名	$n=30$	$n=50$	$n=100$	$n=10^4$	$n=10^8$
comb	3 μs	5 μs	10 μs	1 ms	10 秒
comb_pascal	90 μs	250 μs	1 ms	10 秒	約 32 年
comb_rec	約 2 分	約 3.6 年	約 0.4 京年	—	—

は大きくはなく、比例係数を多少変えれば十分吸収できる程度だろう。よって「2^n に比例する」と予想して問題ない。実際に計測してみたものが図 7.4 だ。入力が大きくなるにつれ急速に実行時間が長くなっていることが見て取れるだろう。なお図 7.2 や図 7.3 とは縦軸も横軸も目盛りが大きく異なることに注意してほしい。

　これらの差は実際のところどれぐらい大きいのだろうか。表 7.1 にその差をまとめてみた。これは、それぞれの処理に計算が n 回、n^2 回、2^n 回必要だとして、1 秒間に 10^7 回の計算ができるコンピュータでの実行時間を計算してみたものだ。もちろん、これは現実の実行時間そのものではなく、非常に粗い見積りでしかない。実際にかかる時間は、これの数倍か、場合によっては数百倍ぐらい違うかもしれない。しかし、表から明らかなように、各方法による実行時間の差は数百倍ぐらいの見積もりのずれをまったく問題にしないぐらいに大きい。つまり、これらの速度差は本質的な差であると言わざるをえないだろう。

7.5　アルゴリズムの計算量と O 記法

　今まで見てきたように、同じ問題であってもそれを解決するプログラムは複数あり、しかもそのどれを選ぶかによって性能が大きく変わりうる。そのため、それらプログラムを比較するための枠組みがあったほうがよい。

　とはいえ、「プログラム」の比較は簡単ではない。本質的には同じことをしているが、字面上大きく異なるプログラムを作るのは難しくない。「プログラム」という具体的なものではなく、「本質的にどのような方法で問題を解決しているか」を考えなければ、適切な比較はできない。そのため、情報科学では __アルゴリズム__ と呼ばれるものを比較する。アルゴリズムとは、問題に対す

る解答を正しく求める手順のことだ。たとえば、私たちがこれまで考えてきた3種類の方法はいずれも、「組合せ数を求める」という問題に対するアルゴリズムとなっている。他にも、たとえば2次方程式の解の公式は「2次方程式の解を求める」という問題に対するアルゴリズムを与えている。

今まで見てきたように、同じ問題であっても、解を求めるのにかかる時間はアルゴリズムによって大きく異なる。この時間のことをアルゴリズムの（時間）**計算量**と呼ぶ。ただ、計算量は入力によって異なることに注意しなければならない。たとえば、`comb_rec` はお世辞にも速いとは言えないが、とはいえ入力が小さければすぐに答えを返してくれる。このことをふまえ、計算量は入力に対する関数として表す。たとえば、`comb` の計算量は入力を n および m として $2n$ 程度となる。

各アルゴリズムの計算量を正確に見積もるのは非常に面倒だ。また、計算量が正確にわかったとしても、実際にどれだけの計算時間を要するかは使うコンピュータに依存する。たとえば、最新の高性能スーパーコンピュータと型落ちした市販のスマートフォンでは、その性能が大きく違い、その上どのような計算が得意・不得意なのかも異なる。スーパーコンピュータ用の計算量とスマートフォン用の計算量をそれぞれ求めたり、新しいコンピュータが現れるたびに計算量を求め直したりするのは、その方がより正確ではあるが明らかに面倒だ。組合せ数を求めるアルゴリズムで見たように、正確な実行時間を調べるまでもない歴然とした性能の差がアルゴリズム間にあることも少なくない。このような場合だけでもちゃんと把握できれば相当有意義だろう。

明白な性能差を議論するために使うのが**漸近計算量**だ。漸近計算量とは「処理に非常に時間がかかるようなケースでは実行時間はどんな関数に比例するか」を考えるものだ[5]。たとえば、計算量が $2n+4$ のアルゴリズムを考えよう。このアルゴリズムは n が大きなときに時間がかかる。n が大きければ「+4」の部分はほとんど無視できるため、計算量はおおむね n に比例すると言える。これが漸近計算量の考え方だ。

漸近計算量を表記する際には、ランダウの**O記法**と呼ばれる記法を使うことが多い。これは、$O(n^2)$ や $O(2^n)$ のように、大文字のOに続けて括弧に

---

[5] 正確にはこれは漸近**最悪**計算量だ。計算量の議論では最悪計算量を考えるのが最も普通なので、以降特に断らない限り、計算量といえば最悪計算量を指すこととする。

包んだ関数を書く記法だ。$O(f(n))$ というのは「今論じている対象がたかだか $f(n)$ に比例する程度以下である」ことを意味する[6]。たとえば comb の計算量は $O(n)$、comb_pascal の場合は $O(n^2)$、comb_rec なら $O(2^n)$ となる。短い記述で実行速度の本質的な差を表現できていることがわかると思う。なお、O 記法自体は漸近計算量のためのものではないが、計算量に O 記法を使うと自動的に漸近計算量を意味する点に注意されたい。

O 記法には以下の性質がある。

- 定数倍は無視できる（ので表記しないことが多い）。たとえば $O(2x^2) = O(3x^2) = O(x^2)$ である。

- より増加のペースの小さい部分は省略できる。たとえば $O(x^2 + x) = O(x^2)$。これは x が十分大きければ $x^2 + x < 2x^2$ であることを使っていると考えてもよい。

- 定数倍に収まらない差は無視できない。たとえば、$O(x \log x) \neq O(x)$ だし、x と y に特段の関係がなければ、$O(x^2 + y) \neq O(x^2)$ だ。

- 見積もりは厳密である必要はなく、上から押さえていればよい。たとえば計算量が $O(x^2)$ のアルゴリズムの計算量は $O(x^3)$ でもある。もちろん、計算量 x^3 のアルゴリズムの計算量は $O(x^2)$ ではないから、$O(x^2) \neq O(x^3)$ ではある。なぜなら、計算量が x^2 に比例する程度以下であれば、x^3 に比例する程度以下でもあるからだ。

さて、最後に pvalue の計算量を求めておこう。pvalue(p, q, r, s) は comb を $p - q + 1$ 回呼び出す。各繰返しでは comb(p,k) が呼び出される。comb(p,k) の計算量は $O(p)$ なので、pvalue 全体の計算量は

$$\sum_{k=q}^{p} O(p) = O(p(p-q))$$

となる。

---

[6]なお数学的に正確な定義は少々複雑なので本書では省略する。

7.6 再帰についてもう少し

再帰関数は組合せ数の計算だけに使える技法ではなく、さまざまなケースで利用できる。しかし、再帰関数は慣れていないと作るのがやや難しい。何かコツはないだろうか。

再帰関数で一番混乱しやすいのが、再帰関数がどう計算を進めるのかがわかりにくいことだ。プログラムを作るときにはその動作を想像しながら進めることが多いが、再帰関数の場合は長大な関数呼出しを繰り返してやっと結果がわかるような動きをするので、それを想像するのが難しいのだ。

この混乱を避けるため、再帰関数を作る際には**動作を無理に想像しようとしない**ことを薦めたい。実際にどう動作するかはさておき、漸化式に従った計算結果が出るのだと信じてプログラムを作るのだ。本書でお薦めする方法は以下だ。

1. まず入力と求めたい結果とを関係づける漸化式を立てる。このとき注意すべき点が2点ある。1つ目は、「小さい（答えを求めやすい）」入力の結果から「大きい（答えを求めにくい）」入力の結果が得られているかだ。組合せ数であれば、「n に対する結果は $n-1$ に対する結果から求まる」ので大丈夫だ。2つ目は、十分に「小さい」入力に対しては答えが簡単に求まるかだ。組合せ数では「0 に対する結果は既知」だったのでこちらも問題ない。

2. 漸化式をそのまま Python の再帰プログラムとして書き下す。場合分けを `if` 文にすればほとんど変更の必要はないはずだ。このとき、漸化式が正しければ結果は正しい、と信じて、動作を無理に想像することは避ける。

例としてフィボナッチ数列の計算を考えよう。フィボナッチ数列は、1番目と2番目が1で、以降は直前2項の和が次の項になる。その結果、以下のような数列となる。

$$1, 1, 2, 3, 5, 8, 13, 21, 34, 55, 89, 144, \ldots$$

i 番目のフィボナッチ数を $F(i)$ として漸化式を書き下せば以下のとおりだ。

$$F(i) = 1 \qquad\qquad i=1 \text{ または } i=2 \text{ の場合}$$
$$ = F(i-1) + F(i-2) \quad \text{それ以外の場合}$$

この漸化式も、小さな i に対する $F(i)$ から大きな i に対する $F(i)$ の値を求めているので、再帰関数として実現できる。あとは素直にプログラムを書き下せばよい。

```
def fib(n): #再帰によるフィボナッチ数の計算
  if n == 1 or n == 2:
    return 1
  else:
    return fib(n - 1) + fib(n - 2)
```

再帰を使った `fib` が正しく結果を求めることを確認しておこう。

```
> fib(4) ⏎
3
> fib(5) ⏎
5
> fib(6) ⏎
8
> fib(11) ⏎
89
```

再帰関数はあまり役に立たないと感じるかもしれない。再帰関数を作るのは一筋縄ではいかないし、フィボナッチ数ぐらいなら再帰関数を使わなくても比較的簡単に計算できるし、再帰関数は計算量も悪くなりがちだ。しかし、世の中には、漸化式として考えれば簡単だが、それを単純な繰返し、たとえば for 文で計算するのは難しいものが少なからずある。練習問題 7.5 や練習問題 7.6 で触れるフラクタルや、8.3 節に登場する併合整列法などはその典型例だ。そのため、再帰関数の作り方もマスターしておくと、より広い範囲の問題に対してプログラムを書くことができるようになるだろう。

7.7 シミュレーションによる確率の計算

　さて、p 値の計算の話に戻ろう。今回は「新薬に効果がなければ 9/15 が快復する」という単純な仮定であったので、p 値は比較的簡単に計算できた。しかし、現実にはこれほど単純にはいかない。たとえば年齢が異なれば病気の治りは異なるだろう。また、それ以外でも、他の持病の有無・どれくらい健康的な生活を送っているか、などなどさまざまな要因で病気の治りは変わりうる。そして実際の患者の年齢や持病などはさまざまだ。となると p 値の計算は難しくなる。たとえば、新薬を投与しなかった患者の方が全体的に高齢であり、高齢者のほうが快復割合が低いことがわかっていれば、p 値は pvalue 関数の計算結果より大きな値にならないと不自然だ。もちろん、患者の状況がすべて均質であればこのような悩みはないのだが、現実にはそうはいかない。

　さまざまな要因を考慮すると、状況が複雑になり、pvalue 関数のような形で理論値を正確に計算することは難しくなる。このような場合にはシミュレーションを用いるのがよい。新薬を投与した各患者について、その人の状況（年齢や持病の有無など）をふまえた快復確率を設定する。そして、何度もシミュレーションをしてみて、何人の患者が快復したかを実際に数えてみるのだ。たとえば、新薬を投与した場合に快復した患者が 20 人中 16 人で、この 20 名の患者が快復するかどうかのシミュレーションを 1000 回行ったときに 16 人以上快復したのが 46 回であれば、p 値はおおむね 0.05 くらいであろうということがわかる。

　この方法はコンピュータが得意なアプローチである点で優れている。コンピュータは単純作業を何度も繰り返すのはまったく苦にしない。一方で、悪い点は、正確な確率を厳密に求めることはできないことだ。しかし、正確な確率を求められないことがそれほど問題だろうか。まず、コンピュータは小数の計算を正確にはできないのだから、厳密な結果を求めるならコンピュータはそもそも使えない。また、人間にとっても、確率のごくわずかの差が判断に影響するとは思いにくい。そう考えれば、十分に近い値が求まるなら、厳密な正確さは必要なさそうだ。

　それでは実際にやってみよう。まずは、各患者について、快復したかどう

かを選ぶ必要がある。簡単のため、ここでは「新薬に効果がなければ 9/15 が快復する」という状況を考えよう。この場合、たとえば「0 から 14 までの数をランダムに選び、9 未満なら快復したとして扱う」というような考え方で扱うことができる。ランダムに数を選ぶための機能は random ライブラリで提供されているので、これを使おう。

```
> import random ⏎
> random.randrange(0, 15) ⏎
7
> random.randrange(0, 15) ⏎
3
> random.randrange(0, 15) ⏎
14
> random.randrange(0, 15) ⏎
14
> random.randrange(0, 15) ⏎
2
```

random.randrange 関数は、指定された範囲の整数をランダムに生成する。たとえば、random.randrange(0, 15) とすれば 0 以上 15 未満の整数が得られる。

これをふまえ、一般に「新薬投与なしで r 人中 s 人が快復する場合に p 人中何人が快復したか」を数える関数 num_cured を作ろう。

```
def num_cured(p, r, s):
  #r 人中 s 人が治癒するとして、p 人中何人が治癒したか
  cured = 0
  for i in range(0, p):
    if random.randrange(0, r) < s: #治癒した
      cured = cured + 1
  return cured
```

次に、治った人数が q 人以上である確率を求めるプログラムを書こう。

```
def pvalue_simulated(p, q, r, s, n):
  #n 回仮想的に実行して p 値を見積もる
  count = 0
  for i in range(0, n):
    m = num_cured(p, r, s)   #p 人に実験して治った人数
    if m >= q:
      count = count + 1   #q 人以上治った回数を数える。
  return count / n
```

このプログラムは理論値に近い結果を出すはずだ。試してみよう。

```
> pvalue(20, 16, 15, 9) ⏎
0.05095195319416665
> pvalue_simulated(20, 16, 15, 9, 1000) ⏎
0.048
> pvalue_simulated(20, 16, 15, 9, 10000) ⏎
0.0503
> pvalue_simulated(20, 16, 15, 9, 100000) ⏎
0.05081
```

もちろん実行するたびに結果は異なるが、シミュレーション回数 n を増やせば理論値に近い結果が得られることが見て取れると思う。このように、簡単なプログラムでそれなりに正しい結果を得られる点が、乱数を使ったシミュレーションの長所だ。

7.8 モンテカルロ法

ランダムに何度も実行し、その結果を集約して答えを出すのは広く使える手法で、一般に **モンテカルロ法** と呼ばれている。ここでは例として、モンテカルロ法で円周率を求めるプログラム考えよう。

図 7.5 に示す四半円を考える。いま点 (x, y)（ただし $0 \leq x, y \leq 1$）をランダムに多数生成し、原点からの距離が 1 以下の（つまり四半円に含まれる）ものの比率を計算する。これは理想的には $\pi/4$ となるはずだから、これを 4 倍して円周率を求めよう。

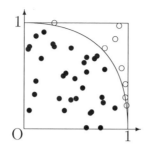

図 7.5　モンテカルロ法による円周率の計算

```
import random
def calc_pi(n):
  s = 0
  for i in range(0,n):
    x = random.random()   #x 座標をランダム生成
    y = random.random()   #y 座標をランダム生成
    if x ** 2 + y ** 2 <= 1:
      s = s + 1   # 原点からの距離 1 以下
  return s / n * 4
```

random.random 関数は 0 以上 1 未満の小数値をランダムに生成する。これを 2 回行ってランダムな座標点を取得し、原点からの距離が 1 以下のものを数えている。

予想通り、このプログラムは生成する点の数を増やすに従って正確な円周率に近い値を返すようになる。

```
> calc_pi(1000)  ⏎
3.02
> calc_pi(100000)  ⏎
3.14208
> calc_pi(10000000)  ⏎
3.1414076
```

円周率ぐらいではあまりモンテカルロ法のありがたみを感じられないかもしれない。モンテカルロ法の強みは、どんな複雑な形状であっても、形状の内外を判断できれば面積が求まる点にある。例として、図 7.6 のように、四半円のうち直線 $y = k$ の上側の部分の面積を考えよう。以下のようにプログ

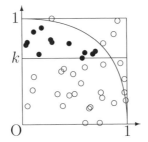

図 **7.6** モンテカルロ法による四半円の一部の面積の計算

ラム中の条件文をわずかに変更するだけで、円周率も三角関数も使わず面積を求めることができる。下線部が変更した部分だ。

```
import random
def calc_pi_k(n, k):
  s = 0
  for i in range(0,n):
    x = random.random()   #x 座標をランダム生成
    y = random.random()   #y 座標をランダム生成
    if x ** 2 + y ** 2 <= 1 and y >= k:
      # 原点からの距離 1 以下で y 座標 k 以上
      s = s + 1
  return s / n
```

実際に動かしてみよう。

```
> calc_pi_k(100000, 0.5) ⏎
0.30761
> calc_pi_k(10000000, 0.5) ⏎
0.3072822
> calc_pi_k(100000, 3 ** 0.5 / 2) ⏎
0.04492
> calc_pi_k(10000000, 3 ** 0.5 / 2) ⏎
0.0452735
```

$k = 0.5$ の場合の理論値は $\dfrac{\pi}{6} - \dfrac{\sqrt{3}}{8} \fallingdotseq 0.30709$、$k = \dfrac{\sqrt{3}}{2}$ の場合の理論値は $\dfrac{\pi}{12} - \dfrac{\sqrt{3}}{8} \fallingdotseq 0.04529$ だ。やはりそれなりに正確な値を求めることができている。

7.9　擬似乱数とその要件

　ランダムな数を得る機能を使うことで p 値や円周率を計算できた。しかし、少し落ち着いて考えてみてほしい。コンピュータはランダムな数をどうやって作っているのだろうか？　コンピュータは基本的に命令されたことをそのままそのとおりに行う。しかし、言われたとおりに動作し続けるのではランダムにならないはずだ。一体どうなっているのだろうか。

　実際のところ、コンピュータはランダムな数を生成しているのではない。いろいろな方法があるが、たとえば前回の値に非常に大きな値を掛けたり足したり割ったりするようなことをして、次の値を求めている。計算の過程を複雑にすることで**ランダムに見える**ようにしているだけだ。そのため、真にランダムなものとは区別する意味で、コンピュータの生成しているものを **擬似乱数** と呼ぶ。

　擬似乱数を使っているのだから、シミュレーションによる p 値の計算結果は信用できないのだろうか。そんなことはない。というより、そのようなことがないよう、擬似乱数は以下の性質を持つことが求められている[7]。

- 今までに出てきた数から次の数が予想できないこと。これができてしまうと、たとえば次のサイコロの出目が予想できてしまうようなことが起こる。

- 所望の分布に従った確率で各数が現れること。`random.randrange` 関数であれば、指定された範囲の数がいずれも等確率で現れること。たとえば小さい数が現れやすいというのは、サイコロの出目が偏るような状況に対応する。

擬似乱数がこのような性質を持つため、私たちの行ったシミュレーション結果は信用できるものとなっている。

---

[7] 擬似乱数である以上、完全にこの性質を持つことはできない。正確には、このような性質を持つように見えることが求められている。

7.10 【発展】擬似乱数を使ったプログラムの正しさ

さて、擬似乱数がシミュレーションに役立つことはわかった。しかし、疑似乱数を使って私たちが作ったシミュレーションは本当に正しいプログラムになっているだろうか？　これはかなり難しい問題だ。擬似乱数を使っている以上、毎回結果は異なる。正しそうな結果が出たとしても、また逆におかしな結果が出たとしても、偶然そうなっているだけかもしれない。どうやってテストをすればよいだろうか。

疑似乱数を使ったプログラムをテストする場合、基本的には何度も、擬似乱数を使わないプログラムの場合よりはるかに多い回数、実行してみることになる。1回の結果ではなんとも言えないので、何度も実行し、そのプログラムが平均的に出す値を調べ、それがおかしな結果でないことを確認するのだ。また、毎回の実行結果が平均からどれくらい離れているかにも注意が必要だ。おおむね正しそうな結果を返すが、ごくまれにとんでもない結果となるような場合、平均だけを見るとおかしさに気づかないが、実際にはそのとんでもない値はプログラムのバグに由来している可能性が高い。

より理論的な話をしよう。今回調べたのは「病気が快復した人数が特定の値を超える」かどうかだ。仮に、確率 p でこのことが起こるとしよう。一定確率で起こることに n 回取り組んだとき、実際にそのことが起こる回数は 2 項分布と呼ばれる分布になる。この分布の平均は np、分散は $np(1-p)$ だ。この例に限らず、擬似乱数を使ったプログラムの結果が 2 項分布になることは多い。この場合、テストを通して以下の 2 点が確認できればプログラムが正しい可能性は高い。

- 何度もテストした結果の平均値が正しい結果に近い。

- テストを n 回繰り返して平均を取ると、正しい結果との差が $1/\sqrt{n}$ 程度に減少する。

1 つ目は自然だろう。平均的には正しい結果が出るようなプログラムでなければ正しくない。しかし、たとえ平均が正しくても、誤差が目立って大きいプログラムは間違っている可能性が高いため、誤差にも注意してテスト結果

を確認すべきだ、と述べているのが 2 つ目だ。結果が 2 項分布に従う場合、n 回実行したとき、正しい結果との差は合計で分散の平方根、つまり $\sqrt{n}$ に比例する程度増える。よって平均では $\sqrt{n}/n = 1/\sqrt{n}$ 程度の差になるはずなのだ。つまり、1 つの目安としては、テスト回数を 100 倍にすれば 1 桁精度が上がるぐらいの状況であれば、誤差の観点からも変ではなさそう、ということになる。

なお、この誤差の解析からわかることは、**実行速度と精度はトレードオフの関係にある。**ということだ。精度よく結果を得るためには n を増やす必要があるが、実行時間は O(n) なので、それに従ってより時間がかかるようになる。今回扱ったようなシミュレーションに限らず、ほとんどの場合実行速度と精度は両立しない。コンピュータで正確に結果を求めるというのはコストがかかるものなのだ。

練習問題

練習問題 7.1. O 記法に関する以下の式を正しいものと間違っているものに分類せよ。

1. O(2) = O(1)
2. O($2x^2 + 3x \log x$) = O(x^2)
3. O($x/\log x$) = O(x)
4. O($2^{\log x} + x^3$) = O(x^3)
5. O(2^x) = O(3^x)

練習問題 7.2. `fib(n)` の漸近計算量を O 記法を用いて表せ。

練習問題 7.3. 0 から n までの整数の和を $S(n)$ とすると、$S(n)$ は以下の漸化式を満たす。

$$\begin{aligned} S(n) &= 0 & n=0 \text{ の場合} \\ &= S(n-1) + n & n>0 \text{ の場合} \end{aligned}$$

この漸化式をもとに、n を入力とし $S(n)$ を求める再帰関数 `ex8_3` を定義せよ。またその計算量を見積もれ。以下は実行例である。

```
> ex8_3(10) ⏎
55
```

図 7.7 カントール集合（真ん中を取り除く処理を 3 回行ったもの）。見やすさのために白黒は反転している。

練習問題 7.4. a^n は以下の漸化式を満たす。

$$\begin{array}{rcll} a^n & = & 1 & n = 0 \text{ の場合} \\ & = & (a^m)^2 & n = 2m \text{ の場合} \\ & = & a \cdot (a^m)^2 & n = 2m+1 \text{ の場合} \end{array}$$

この漸化式をもとに、a と n を入力とし a^n を求める再帰関数 ex8_4 を定義せよ。またその計算量を見積もれ。以下は実行例である。

```
> ex8_4(2, 5) ⏎
32
> ex8_4(3, 6) ⏎
729
```

練習問題 7.5. カントール集合とは、線分に対して真ん中の 1/3 を取り除いて 2 つの線分を得ることを繰り返して得られる線分の集合である（図 7.7）。「真ん中の 1/3 を取り除く」という操作を n 回行う再帰プログラムを以下のように作成した。このプログラムは、最初の線分を長さ 3^n の配列で表し、取り除かれた部分は 0、取り除かれていない部分は 1 を要素とするものを返す。空欄 A を埋めてこのプログラムを完成させよ。また、このプログラムの計算量を見積もれ。

```
def ex8_5(n):
  line = ita.array.make1d(3 ** n)
  cantor_main(line, 0, 3 ** n)
  return line

def cantor_main(line, i, m):
  if m == 1:
    line[i] = 1
  else:
    cantor_main(line, i, m // 3)
    cantor_main(line, i +   (A)  , m // 3)
```

練習問題 7.6. Vicsek フラクタルとは、正方形に対して以下を繰り返して得られる図形である（図 7.8）。各正方形は 3×3 の格子に分割され、そのうち 4 つの正方形は取り除かれ、5 つの正方形が残される（図 7.9）。この繰返しを n 回行う再帰プログラムを以下のように作成した。このプログラムは、最初の線分正方形を $3^n \times 3^n$ の 2 次元配列で表し、取り除かれた部分は 0、取り除かれていない部分は 1 を要素とするものを返す。空欄 A〜D を埋めてこのプログラムを完成させよ。また、このプログラムの計算量を見積もれ。

```
def ex8_6(n):
  image = ita.array.make2d(3 ** n, 3 ** n)
  vicsek_main(image, 0, 0, 3 ** n)
  return image

def vicsek_main(image, x, y, size):
  if size == 1:
    image[x][y] = 1
  else:
    m = size // 3
    vicsek_main(image, x +  (A) , y, m)
    vicsek_main(image, x, y +  (B) , m)
    vicsek_main(image, x + m, y + m, m)
    vicsek_main(image, x + 2 * m, y +  (C) , m)
    vicsek_main(image, x +  (D) , y + 2 * m, m)
```

練習問題 7.7. comb_rec と comb_pascal のプログラムを比較した場合、前者に対して各入力に対する計算結果を表の形で記憶し再利用したものが後者だと思うことができる（これを **メモ化** と呼ぶ）。同様の手法で fib(n) より高速にフィボナッチ数を求めることができる。具体的には、[fib(1), fib(2), ⋯, fib(n)] と並んだ配列を先頭から順に構築し、最終的に末尾要素を返せばよい。このとき、後方の要素の計算には計算済みの結果を配列から読み出して使う。この関数 ex8_7 を作成せよ。以下は実行例である。

```
> ex8_7(11) ⏎
89
```

練習問題 7.8. 6 面のサイコロを 5 個ふったとき出目の合計が 20 以下となる確率をモンテカルロ法で求める関数 ex8_8 を作成せよ。以下は 100 万回の試行で確率を求めた実行例である。

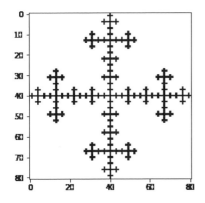
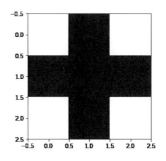

図 **7.8** Vicsek フラクタル（正方形を 4 回分解したもの）。見やすさのために白黒は反転している。

図 **7.9** Vicsek フラクタルにおける正方形の分割。白い正方形が取り除かれる。

```
> ex8_8(1000000) ⏎
0.77879
```

練習問題 7.9. $\int_0^{\pi/2} \sin(x)\,dx$ をモンテカルロ法で求める関数 ex8_9 を作成せよ。以下は 100 万回の試行で積分を求めた実行例である。

```
> ex8_9(1000000) ⏎
0.9987594284659991
```

練習問題 7.10. A さんと B さんがある競技をする。1 回の勝負では A さんの勝率が 55%、B さんの勝率が 45% で、引き分けはない。この競技で 7 番勝負（7 回中 4 回勝った方が最終的な勝者）をするとき、A さんが勝者となる確率をモンテカルロ法で求める関数 ex8_10 を作成せよ。以下は 100 万回の試行で確率を求めた実行例である。

```
> ex8_10(1000000) ⏎
0.60717
```

第 8 章

大規模データの検索

　現代ではインターネットにあらゆるデータがあると言っても過言ではない。Wikipediaなどは膨大な知識を集約している。ショッピングサイトでは世界中の商品を購入できる。またSNSでは個人によるさまざまな活動を知ることができる。科学技術に関する資料や官公庁が集めた統計データなどもインターネットで公開されていることが多い。

　このようなデータを扱うためには、必要な情報を検索し発見する方法が必要となる。対象とするデータは本当に巨大なので、効率は非常に重要だ。たとえばSNSであれば、数十億ものアカウントが発信している情報から適切なものを探さなければならないのだ。本節では、膨大なデータから必要な情報を得る効率のよいアルゴリズムについて考えてゆこう。

8.1　線形探索と二分探索

　まずはシンプルな問題を考えよう。SNSで新規アカウントを作るために、指定したアカウント名の人がすでにいるかどうかを調べたい。どうすればよいだろうか。

　このような問題を考える場合には、まずはデータをコンピュータで内でどう表現するかを決める必要がある。一番単純な方法は、アカウント名が並んだ配列があるとする方法だ。そうすれば、配列の要素を順番に見てゆけば確認できるだろう。この単純なやり方を<u>線形探索</u>と呼ぶ。

8.1. 線形探索と二分探索　137

```
def find_linear(data, name):
  for i in range(0, len(data)):
    if data[i] == name:
      return True
  return False
```

このプログラムは、配列 data を先頭から順に調べ、name と同じ要素を発見したら True を返して終了する。なければ次に進み、最後まで見つからなければ False を返す。

```
> find_linear(['Tom', 'Alice', 'Ken', 'John'], 'Ken')  ⏎
True
> find_linear(['Tom', 'Alice', 'Ken', 'John'], 'Bob')  ⏎
False
```

このアルゴリズムの計算量はどれくらいだろうか？　実行にかかる時間は data の中身に依存する。先頭の要素がまさしく name だったらすぐに終わるし、なかなか見つからなければ時間がかかる。このような場合には、最大でどの程度の時間を要するか、つまり処理に非常に時間がかかるケースではどうなるかを考える。このプログラムで最も時間がかかるのはどのようなケースだろうか？　それは name が見つからなかった場合だ。その場合には、このプログラムは data の長さに比例する時間がかかる。言い換えると、data の長さを n としたとき、計算量は O(n) となる。

この計算量は満足できるものだろうか。表 7.1 を思い出してみよう。O(n) の計算量は、非常に大雑把に言って、万単位のデータをさばくには十分だが、億単位になると苦しくなってくる。兆となると、状況にはよるが、おおむね現実的ではない。つまり、1 つの大学や企業といった規模なら大丈夫だろうが、全世界規模の SNS となると不安がある。

もっと高速にアカウント名の有無を調べる方法はあるだろうか。実際に私たちが巨大なデータをどのように検索しているか、たとえば辞書をどのように引いているかを考えてみればよい。辞書から望む項目を見つけるとき、辞書を先頭から順に読み進めてゆく必要はない。おおむねこのあたりという場所を開き、見つけた単語と探したい単語を比較して、もう少し先を開いたり少し手前に戻ったりすればよい。このような検索の仕方ができるのは、辞書

の項目が名前順に整列してあるからだ。ということは、コンピュータで検索をする場合でもアカウント名が整列してあれば高速にできるはずだ。ただし、人間が辞書を検索する方法はそのままではコンピュータには使えない。人間は望む項目のありそうな付近を適当に開き、場合によっては適当なページ数一度にめくったりするが、コンピュータは「適当」に処理をするのは苦手だ。似たような方法をコンピュータが自然に行えるアルゴリズムとして実現する必要がある。

以上をふまえて設計されたアルゴリズムが <u>二分探索</u> だ。二分探索では辞書のように整列されたデータを対象として、望むものを高速に発見する。その骨子は、探索対象が存在する可能性のある範囲を半分半分に絞り込んでゆくことだ。例として、アカウント名の整列済みの配列から Oscar というアカウント名を探すことを考えよう（図 8.1）。

1. まず、配列の中央のアカウント名を調べる。これが仮に Judy だったとすると、アカウント名は整列してあるのだから、Oscar は半分より後ろにあるはずだ。

2. 次に、Judy から末尾までの中央のアカウント名を調べる。これが Ross だとすると、Oscar は Judy と Ross の間にあることがわかる。

3. 次に、Judy と Ross の中央のアカウント名を調べる。これが Olivia なら、Oscar は Olivia と Ross の間にある。

4. 同様のことを、Oscar を発見するか、または可能性がなくなる（たとえば Olivia の次が Oswald であることを発見する）まで繰り返す。

二分探索のプログラムは以下のとおりだ。

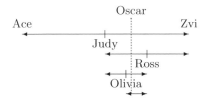

図 8.1　二分探索の様子

```
def find_bisection(data, name):
  start = 0
  end = len(data)
  while start != end:
    center = (start + end) // 2
    if data[center] == name:
      return True
    if name < data[center]:
      end = center
    else:
      start = center + 1
  return False
```

今どの範囲まで絞り込んだかを、変数 start と end で管理している。注目している範囲は start から end − 1 までだ。まず、start と end の中央 center を調べる。これが name と一致していれば終了する。一致していない場合、name との大小によって範囲を前半か後半かどちらかに絞る。前半後半どちらに絞るにしても center はもう調べたので範囲に含める必要がないことに注意しよう。これを繰り返してゆき name が見つかればよい。見つからないと徐々に start と end の差が小さくなってゆくが、両者が一致した場合、調べるべき範囲がなくなってしまっているので name が存在しないことがわかる。

少々複雑なプログラムなので、まずはテストをしておこう。

140　第 8 章　大規模データの検索

表 8.1　線形探索と二分探索の実行時間の比較（理論値）

手法	$n=100$	$n=10^4$	$n=10^8$	$n=10^{12}$
線形探索	10 μs	1 ms	10 秒	約 1 日
二分探索	約 0.7 μs	約 1 μs	約 3 μs	約 4 μs

```
> data = ['Alice', 'David', 'John', 'Ken', 'Tom']
> find_bisection(data, 'Ken')  [←]
True
> find_bisection(data, 'David')  [←]
True
> find_bisection(data, 'Bob')  [←]
False
```

　二分探索のプログラムの計算量はどのくらいだろうか。最も時間のかかる、アカウント名が見つからないケースを考える。二分探索では探索範囲が繰返し 1 回ごとに半分になる。この範囲の幅が 1 になったら終了だ。つまり、繰返し回数を k とすると、おおむね $2^k = n$ となればよい。つまり k は $\mathrm{O}(\log n)$ となる[1]。

　二分探索と線形探索にはどの程度の差があるだろうか。表 8.1 はその比較だ。表 7.1 と同様、それぞれの処理に計算が n 回および $\log_2 n$ 回必要だとして、1 秒間に 10^7 回の計算ができるコンピュータでの実行時間を示している。差は歴然としており、特に億や兆といった規模のデータでは比較にならない差となっている。

　図 8.2 と図 8.3 は、以下のプログラムと ita.bench ライブラリを使って実際に線形探索と二分探索の実行時間を計測したものだ。

```
def test_ls(n):
    return find_linear(range(0,n), n)

def test_bs(n):
    return find_bisection(range(0,n), n)
```

　この計測では、線形探索も二分探索も最も時間がかかる場合、つまり要素

---

[1] 対数の底の違いは定数倍の差なので O 記法では無視できる。そのため底は省略して書くのが一般的だ。

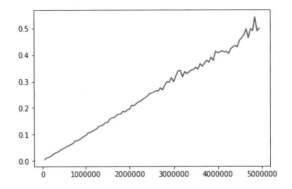

図 8.2　test_ls の実行時間。縦軸：時間（秒）、横軸：入力

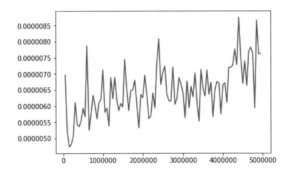

図 8.3　test_bs の実行時間。縦軸：時間（秒）、横軸：入力

が見つからなかった場合を考えている。このために、0 から $n-1$ までの列を range(0,n) で擬似的に生成し[2]、その中に n がないことを確認している。線形探索の実行時間が入力の大きさに比例していること、二分探索の実行時間は入力が大きくなっても実行時間にあまり変化がないこと、そして二分探索のほうが明らかに高速であることが見て取れる。

---

[2] 配列を作らず range を用いているのは入力データを作るのに要する時間を省くためである。配列の作成には長さに比例する時間がかかるが、range なら時間がかからない。特に二分探索では、入力データを作るのに $O(n)$ かかってしまうと $O(\log n)$ での検索の意味がなくなってしまう。

> **コラム：二分探索とバグ**
>
> 二分探索は非常によく知られた手法ではあるのだが、正しいプログラムを作るのが難しいことでも知られている。深く考えずにプログラムを書くと、プログラムが止まらなくなったり、コーナーケース（配列が空列だったり、指定したすべてのデータより小さかったり大きかったり）でうまく動作しなかったりする。以下の 1988 年の論文によれば、よく知られた教科書 20 冊のうち 15 冊のプログラムには間違いが含まれていたらしい。
>
> > Richard E. Pattis: Textbook errors in binary searching. In *Proceedings of the 19th Technical Symposium on Computer Science Education.* pp. 190–194. ACM. 1988.
>
> そのため自分で二分探索をプログラムするのは（プログラミングの練習として行う場合以外は）避けたほうがよいかもしれない。このようなよく知られたアルゴリズムについては、ライブラリを使うほうが簡単で確実だろう。

　二分探索はたしかに高速だが、事前に整列をしておく必要があることには注意が必要だ。後に 8.3 節で学ぶが、整列には要素数に比例する程度以上の、つまり線形探索以上の時間がかかる。そのため、1 回のアカウント検索のためにわざわざ整列をして二分探索をするのでは、線形探索よりもむしろ遅くなってしまう。そのため、二分探索は同じデータに何度も何度も検索を行う場合や、何らかの理由でデータがそもそも整列してある場合に使う。

8.2　ヒストグラムの計算

　次は、ショッピングサイトの商品を分類することを考えよう。各商品はそれぞれ 1 つのカテゴリに所属しているとして、各カテゴリに属する商品がそれぞれ何個あるかを数えたい。どうすればよいだろうか？
　まず、この問題の登場人物をコンピュータで扱えるデータとして表現しよう。入力は各商品のカテゴリが並んだデータだとする。たとえば、A、B、C という 3 つのカテゴリがあるとすると、入力は

$$['A','B','A','C','A','B','C','C','A']$$

といった具合になる。このとき、各カテゴリごとにその個数を計算し、カテゴリ名と個数を順に並べた配列を出力することにしよう。たとえば先ほどの入力であれば、出力は [['A',4],['B',2],['C',3]] となる。1本の配列にカテゴリ名と個数を交互に並べるのでもよいが、わかりやすさのために2次元配列を使っている。

これを行うアルゴリズムはそれほど難しくなさそうだ。各商品のカテゴリごとに、対応する値を1増やせばよい。以下のようなプログラムになるだろうか。

```
def histogram(data):
  result = []   #結果格納用
  for i in range(0, len(data)):
    put_item(result, data[i]) #各商品を適切なカテゴリへ
  return result

def put_item(res, item):
  for i in range(0, len(res)):
    if res[i][0] == item: #適切なカテゴリが見つかった
      res[i][1] = res[i][1] + 1
      return   #そのカテゴリの個数を増やして終了
  #適切なカテゴリが見つからなかったので新たに作る
  res.append([item, 1])
```

関数 histogram は各商品について put_item を呼び出す。関数 put_item は、各カテゴリごとの個数を表す配列と、新しい商品を受け取り、その商品のカテゴリがあれば個数を増やし、なければ append 関数でカテゴリを配列に追加する。なお、put_item の仕事は各カテゴリごとの個数の更新なので何も結果を返さない。そのため return は関数を終了させるためだけに使っている。

```
> histogram(['A','B','A','C','A','B','C','C','A']) ⏎
[['A',4],['B',2],['C',3]]
```

このアルゴリズムの計算量を見積もろう。計算量は明らかに商品数とカテゴリ数に依存する。商品数を n、カテゴリ数を m とすると、put_item は配列 res の長さに比例する時間を要する。つまり $O(m)$ だ。関数 histogram は

これを n 回呼び出すから、計算量は $O(mn)$ となる。多量の商品を扱うのは明らかに難しそうだ。

このケースについても、事前に整列をしておけば計算量を改善できる。整列してあれば、入力は ['A','A','A','A','B','B','C','C','C'] のような形式になり、同じカテゴリの商品は1ヵ所に固まっている。これなら、端から順番に数えてゆくだけですみそうだ。

```
def histogram_sorted(data):
  result = []
  item = data[0] #現在のカテゴリ
  c = 1    #現在のカテゴリの個数
  for i in range(1, len(data)):
    if item == data[i]: #現在のカテゴリの商品
      c = c + 1
    else: #新しいカテゴリの商品
      result.append([item, c])
      #先ほどまでのカテゴリの商品数を結果に追加
      c = 1
      item = data[i]
  result.append([item,c])
  #最後のカテゴリの商品数を結果に追加
  return result
```

関数 `histogram_sorted` は現在のカテゴリとその個数を管理しながら要素を順に調べてゆく。現在のカテゴリの要素が来れば個数を単に1増やす。別のカテゴリの要素が来れば、現在のカテゴリの個数を結果格納用配列に追加し、この新しいカテゴリの要素を数え始める。計算量は明らかに $O(n)$ であり、大きな改善となっている。

今回も二分探索のときと同様、整列にかかる時間を無視していることには注意が必要だ。とはいえ、計算量は $O(mn)$ から $O(n)$ に改善しているので、整列に要する時間が $O(mn)$ 未満であれば整列してからヒストグラムを求める方が速い。また、二分探索をしたいなどの事情で、すでにデータが整列してある場合もあるだろう。

8.3 併合整列法

ここまで見てきたように、大規模なデータを扱う際には、データを事前に整列しておくことで効率を大きく改善できる。では、大規模なデータの整列はどうすればよいのだろうか。Python には整列を行う関数が最初から提供されているので、これを使うというのが現実的な答えだ。配列 x に対して x.sort() を実行すると、x の中身が整列される。また、sorted(x) とすると、x は変更せず、新たに整列済みの配列が作成される。

```
> x = [5, 3, 2, 8, 4]
> y = sorted(x)
> x
[5, 3, 2, 8, 4]
> y
[2, 3, 4, 5, 8]
> x.sort()
> x
[2, 3, 4, 5, 8]
```

実用上はこれで十分なのだが、とはいえ整列はアルゴリズムを学ぶ上で非常によい題材だ。整列は重要な処理であることもあって古くからよく調べられており、さまざまな技法を用いた多数のアルゴリズムが知られている。ここではその中から代表的なものである **併合整列法** を紹介しよう。

併合整列法は **分割統治法** に基づいている。分割統治法では、大きなデータが来た場合には、とりあえず小さなデータに分けて処理をし、後でその結果を併合する。これは、大きなデータより小さなデータのほうが処理しやすい、そして処理済みのデータを複数併合するのは比較的簡単、という仮定に基づいている。

分割統治法を設計するには、どれくらい小さなデータにまで分けるかと、その結果をどうやって併合するかを考える必要がある。今回はもはや整列の必要性がなくなるまで、つまり 1 要素しか含まない配列まで分けることにしよう。となると、プログラムは以下のような構造になる。なお、結果の併合方法については後で考える。とりあえずは適切に併合してくれる merge 関数（これは後ほど定義する）があるとしよう。

```
def mergesort(data):
  n = len(data)
  if n <= 1:
    return data
  else:
    data1 = mergesort(data[0 : n // 2])
    data2 = mergesort(data[n // 2 : n])
    return merge(data1, data2)
```

関数 mergesort はまずデータの長さを確認する。十分短ければそのまま返す。長ければ、前半と後半に分け、それぞれを整列し、結果を merge 関数で併合する。なお、data[i : j] は data の i 番目から j − 1 番目までの要素からなる配列を表す（5.6 節参照）。

関数 mergesort は再帰関数になっている。再帰で注意すべき点を思い出してみよう。まず小さい入力の結果から大きい入力の結果が得られていること。今回は再帰呼出しのたびに入力される配列はどんどん短くなる。つまり、短い配列の結果を使って長い配列の結果を求めているのだから問題ない。次に、十分小さな入力の結果がわかっていること。今回は長さ 1 以下の配列に対しては結果は既知（整列の必要はない）なので問題ない。ということは、あとは入力と結果の間の漸化式を与え、それを素直にプログラムとして書き下せばよい。mergesort が整列を行うことはわかっているので、「整列済みの配列 2 つからそれを合わせた整列済みの配列を 1 つ作る」という仕事を merge 関数が達成するなら、mergesort は「整列」という行為に対する 1 つの漸化式だとみなすことができる。つまり正しく整列を行う再帰関数となるはずだ。

それでは merge 関数を定義しよう。例として [2, 5, 7, 10] と [1, 3, 4, 8] を併合することを考える。入力は両方とも整列済みであることに注意しよう。さて、これらを併合した配列の先頭要素、つまり最小の要素は何か？ もちろん 1 だが、これは両方の先頭要素を見ればわかる。2 番目に小さい要素は？ 2 だが、これは [2, 5, 7, 10] と [3, 4, 8]（1 は最小なので考慮から外す）の先頭要素を見ればわかる。次に小さな要素は？ 今度は [5, 7, 10] と [3, 4, 8] の先頭を見ればわかる。このように考えてゆくと、2 つの配列の先頭から順に見てゆき、小さいものを順次取り出してゆくことで、併合し整列することができることがわかる。

8.3. 併合整列法　147

```
import ita
def merge(data1, data2):
  result = ita.array.make1d(len(data1) + len(data2))
  i1 = 0   #data1の何番目の要素に注目しているか
  i2 = 0   #data2の何番目の要素に注目しているか
  for i in range(0, len(result)):
    if (i2 >= len(data2) or
        (i1 < len(data1) and data1[i1] <= data2[i2])):
      #data1のi1番目の要素のほうが小さい
      result[i] = data1[i1]
      i1 = i1 + 1
    else:
      #data2のi2番目の要素のほうが小さい
      result[i] = data2[i2]
      i2 = i2 + 1
  return result
```

複雑なプログラムだが、基本的な構造はこうだ。data1とdata2のそれぞれについて、何番目の要素に注目しているかを変数i1とi2で管理する。i1番目・i2番目より前の要素はすでに取り出されている。なので、次に小さいのはdata1のi1番目かdata2のi2番目かのどちらかだ。if文で両者を比較し、小さい方を取り出し（つまりi1ないしi2を1増やし）resultに格納する。if文の条件が複雑なことになっているのは、この処理を続けているとdata1ないしdata2の要素をすべて取り出してしまう場合があるからだ。このときは、大小比較をするのではなく、残っている側の要素を順にresultに詰めてゆかなければならない。このプログラムでは、if文で「data2が空か、またはdata1に要素が残っておりdata1のi1番目のほうが値が小さい」かどうかを確認しているのだ。

今回はかなり複雑なプログラムだったので、まずはmerge関数をテストし、それが正しいことを確かめた上でmergesort関数の正しさを確認しよう。

```
> merge([2, 5, 7, 10], [1, 3, 4, 8]) ⏎
[1, 2, 3, 4, 5, 7, 8, 10]
> merge([3, 7, 8, 10], [1]) ⏎
[1, 3, 7, 8, 10]
> merge([3, 7, 8, 10], [15]) ⏎
[3, 7, 8, 10, 15]
> mergesort([5, 3, 2, 8, 4, 7, 10]) ⏎
[2, 3, 4, 5, 7, 8, 10]
```

さて、併合整列法の計算量を考えよう。要素数 n のときの実行時間を $T(n)$ とする。mergesort は長さ $n/2$ の配列に対して自分自身を 2 回呼び出し、さらに merge を実行する。merge は、長さ $n/2$ の配列が 2 本与えられたとき、n 回の繰返しで列を併合する。つまり、以下の漸化式が成り立つ。

$$T(n) = 2T(n/2) + \mathrm{O}(n)$$

簡単のため $n = 2^k$ とする。このときの $T(n)$ は以下のように求められる。

$$\begin{aligned}
& T(n) \\
=~& 2T(n/2) + \mathrm{O}(n) \\
=~& 4T(n/4) + 2 \cdot \mathrm{O}(n) \\
=~& 8T(n/8) + 3 \cdot \mathrm{O}(n) \\
=~& \cdots \\
=~& nT(1) + k \cdot \mathrm{O}(n) \\
=~& \mathrm{O}(n + (\log n) \cdot n) \\
=~& \mathrm{O}(n \log n)
\end{aligned}$$

結論としては、併合整列法の計算量は $\mathrm{O}(n \log n)$ となる。

実験をして確かめてみよう。まず、実験用の配列を生成する必要がある。整列する意味があるようなデータにするために、各要素は乱数で選ぶことにしよう。実は `ita.array.make1d` 関数でこのような配列を生成できる。

```
> import ita ⏎
> ita.array.make1d(4, random=True) ⏎
[0.7175901695931268, 0.887007398480231,
 0.7716565285155713, 0.8571982252563432]
```

8.3. 併合整列法　149

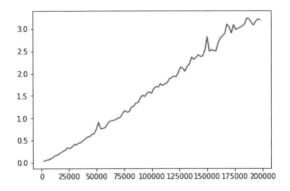

図 **8.4**　mergesort の実行時間。縦軸：時間（秒）、横軸：入力配列長

ここで使った random=True は **キーワード引数** と呼ばれるもので、日頃は指定する必要のない特別な引数だ。普通の引数はその順番によって役割が決まるが、キーワード引数ではその役割がキーワードによって決まる。今回は random というキーワードに関して True という引数を与えており、作った配列の中身を乱数で埋めることを意味している。

さらに、ita.bench.bench 関数は入力を数値として与えるので、以下の test_ms 関数を定義しておく。この関数は、指定された長さのランダムな配列を生成し、それを整列する。これを ita.bench.bench 関数に渡せば実行時間が計測できる。

```
def test_ms(n):
    x = ita.array.make1d(n, random=True)
    return mergesort(x)
```

図 8.4 が実行時間の計測結果だ。ほとんど一直線だが、ほんの少しだけ上に曲がっているのがわかるだろうか。この実行時間はランダムな配列の生成に要する時間も含んでいるとはいえ [3]、併合ソートの計算量がほとんど要素数に比例する程度であることがわかる。

---

[3] 配列の生成に要する時間は $O(n)$ なので、この時間を含めても計算量は $O(n \log n)$ のままではある。

併合整列法はかなり効率のよい整列法だが、それでも整列にはかなりのコストがかかる。巨大なデータ、特に億や兆といった規模のデータに対しては$O(n \log n)$はかなりの時間だ。特に、1回の処理（たとえば検索）のためだけに$O(n \log n)$かけて整列するのは無駄なことが多い。しかし、その後何度も処理するのであれば、初期投資に見合った効果が得られるだろう。また、一度整列してしまえば、多少の変更があったとしても再度の整列は簡単だ。たとえば、整列したデータに要素を挿入するなら、挿入すべき場所は二分探索を使えば$O(\log n)$で見つけられる。また、整列したデータ2つを合併するのも、merge関数を1回行えば十分なので、$O(n)$ですむ。

8.4 【発展】整列のアルゴリズムと空間計算量

整列にはさまざまな手法が知られている。詳細はアルゴリズムの専門書を参照してほしいが、ここではもう1つだけ紹介する。最小の要素を発見しそれを取り出す、という処理を繰り返すだけの単純な方法だ。

概念としては単純だが、プログラムを書く際には多少の注意がいる。データは配列として持っているとして、配列から要素を「取り除く」のは簡単ではない。これを簡単に実現するトリックは、先頭の方の要素と入れ替える、というものだ。たとえば、[4,5,1,3,8,2]という配列なら、まず1を4と入れ替え[1,5,4,3,8,2]とする。これで左端は整列済みになったので、次は2を未整列で最も左にある5と入れ替え[1,2,4,3,8,5]とする。次は3と4を入れ替えることになる。こうすれば、1つの配列の中で各要素を取り出し小さい順に並べることができる。

このアイデアを実現したのが以下に示すsimplesortだ。simplesortはi番目以降で最小の要素をmin_indexで発見し、それをi番目の要素とswap関数で入れ替えることを繰り返す。

8.4. 【発展】整列のアルゴリズムと空間計算量

```
def simplesort(data):
  for i in range(0, len(data)):
    j = min_index(data, i) #i 番目以降で最小の要素は j 番目
    swap(data, i, j) #i 番目と j 番目を交換

def min_index(data, i):
  m = i   #最も小さい要素の番号
  for j in range(i + 1, len(data)):
    if data[j] < data[m]: #より小さい要素を発見
      m = j
  return m

def swap(data, i, j): #data の i 番目と j 番目を交換
  x = data[i]   #i 番目のデータを退避
  data[i] = data[j]
  data[j] = x
```

このアルゴリズムの計算量を見積もろう。要素数を n とする。min_index はおおむね要素数に比例する時間がかかるので $\mathrm{O}(n)$ だ。simplesort はこれを n 回繰り返すので、全体では $\mathrm{O}(n^2)$ となる。よって併合整列法よりは明らかに遅い。

しかし、このアルゴリズムにも長所はある。このアルゴリズムは、入力の配列以外には追加の配列を必要としない。つまり使うメモリ（記憶装置）の量は併合整列法よりも少ないのだ。そのため、メモリの少ないコンピュータ上であれば、併合整列法よりもうまく動作する可能性はある[4]。

今まで計算量といえば所要時間のことを考えてきたが、実際にはアルゴリズムの実行に必要な資源は時間だけではない。メモリも必要だし、状況によってはもっと別の資源（たとえば電力消費量）についての議論が望まれる場合もある。今まで扱ってきた計算量は正確には<u>時間計算量</u>だ。また、メモリの使用量は<u>空間計算量</u>と呼ばれる。要素数を n とすると、併合整列法は時間計算量が $\mathrm{O}(n \log n)$、空間計算量が $\mathrm{O}(n)$ のアルゴリズムだ。一方、simplesort は時間計算量が $\mathrm{O}(n^2)$、空間計算量が $\mathrm{O}(\log n)$ となる[5]。やはり O 記法を用

---

[4] とはいえ、使うメモリ量を重視するにしても、よりよい整列アルゴリズムは知られているので、この単純なアルゴリズムを実際に使う価値はほとんどない。
[5] 空間計算量が $\mathrm{O}(\log n)$ となるのは、n 要素の配列の何番目かを記憶するには、その 2 進数

いることでこれにより両者の長短を簡潔に見て取ることができる。

8.5 さまざまなデータ構造

　これまで見てきたように、大きなデータを効率よく処理するためには、それをどのような形式のデータとして持っているかが重要だ。本書ではこれまでデータは配列として表現してきた。配列は汎用性が高く、また配列を使うのが効率も良い場合も多いが、いつも配列が優れているわけではない。本章で扱ったような処理を Python で行うのであれば、集合（set）や辞書（dict）を使う方が簡便だ。

　集合は配列と同じく多数の要素を管理するためのデータ構造だが、要素が順番に並んでいないこと、1つの構造に同じ要素を複数個含められないことが異なる[6]。一方で、この違いが問題ないなら[7]集合からの要素検索は配列に比べはるかに高速だ[8]。

　辞書は集合とよく似ているが、各要素（キーと呼ばれる）について何らかの値を覚えることができる。たとえば、カテゴリに対してそのカテゴリの出現回数を覚える、といったことが辞書を使えば自然に実現できる。辞書からのキーの検索は集合同様に高速だ。たとえば、辞書を使えばヒストグラムの計算は以下のように簡単に記述できる。

　　表現の大きさ、つまり $\log n$ ビット必要だからである。

[6] さらに要素が「ハッシュ可能」と呼ばれる性質を満たす必要もある。数値や文字列などはハッシュ可能だが、配列はハッシュ可能でないため配列の集合を作ることはできない。詳しくはリファレンスマニュアルを参照されたい。

[7] たとえばアカウント名を調べるケースでは問題ない。アカウント名には重複がないため、同じ要素を複数含められる必要がない。また、高速にアカウントを検索できるなら、アカウント名が順番に並んでいる必要も特にないだろう。

[8] 実際の計算量は集合ライブラリがどのように実現されているかに依存する。ライブラリは通常最も高速になるよう注意深くプログラムされているので、とにかく高速だと信じていれば多くの場合は問題ない。

```
def histogram_dict(data):
  result = {}  #結果格納用の辞書
  for i in range(0, len(data)):
    item = data[i]
    if item in result: #適切なカテゴリが見つかった
      result[item] = result[item] + 1
    else:
      result[item] = 1
  return result
```

ここでは result という辞書で各アイテムの出現回数を管理している。辞書は番号の代わりにキーを指定する点を除き、ほとんど配列と同じように使うことができる。たとえば result[item] は item というキーに対応する値を参照している。result が配列だとすると item は整数値でなければならないが、今回は result が辞書なので item は整数値でなくてもかまわない。このプログラムは、入力データが整列されていなくても、おおむね要素数に比例する時間でヒストグラムを計算できる。

```
> histogram_dict(['A','B','A','C','A','B','C','C','A']) ⏎
{'A': 4, 'B': 2, 'C': 3}
```

このように適切なデータ構造を使えば簡単なプログラムで高速な処理を実現できる。Python のライブラリにも多くのデータ構造がある。いろいろと調べてみると面白いだろう。

8.6 文章の分析を少しだけ

せっかくヒストグラムの計算や整列、辞書などを学んだので、これを使って文章を分析するプログラムを作ってみよう。

まずは、大きな文章の中にどの文字が頻度多く現れるかを調べてみよう。

154　第 8 章　大規模データの検索

```
def top_histogram(text, n): #出現数上位 n 件を表示
  h = histogram_dict(text)   #ヒストグラムを計算
  return sorted(h.items(), key=cmp)[0 : n]
  #出現頻度で整列し上位 n 件を出力

def cmp(kv):
  #出現頻度を出力。大きい方から並べるため負の値にして大小反転
  return -kv[1]
```

　新しい機能をいくつか使っているが、プログラムとしてはごく単純なものだ。まずはヒストグラムを計算する。次に、items 関数を使って各要素を取り出し、sorted 関数で整列する。整列の際には出現数上位から順に並ぶようにしたい。このために key という名前の **キーワード引数** を使っている。sorted 関数では key 引数で指定した関数が返す値が小さい方から順に並ぶことになる。今回は関数 cmp を指定しており、これは辞書のキーと値から値の方を正負反転させたものを返している。そのため、辞書中の値が大きなものから順に並ぶ。整列ができれば、上位 n 件を得るのは単に先頭から n 要素取り出すだけなので簡単だ。

```
> top_histogram('a canner can can anything can', 4) ⏎
[('n', 7), ('a', 6), (' ', 5), ('c', 4)]
```

　文字の出現頻度より単語の出現頻度の方が面白い結果が出そうだ。簡単のため入力は英文だとすると、単語の出現頻度もごくわずかな変更だけで調べられる。

```
def words_histogram(text, n): #単語出現数上位 n 件を表示
  words = text.split()   #空白で分割し単語の配列を得る
  return top_histogram(words, n)
```

　split 関数は文字列を指定された単語で分割して配列にするもので、引数を何も指定しないと空白で分解する。英文であれば単語への分解はこれで十分だ。あとは先ほどのプログラムを呼び出せばよい。

```
> words_histogram('a canner can can anything he can', 3) ⏎
[('can', 3), ('a', 1), ('canner', 1)]
```

8.6. 文章の分析を少しだけ

次に、大規模な文章の中から指定された単語やフレーズを検索することを考えよう。要するに検索エンジンが行っているような処理だ。さまざまなアプローチがあるが、ここでは比較的簡単で実用的な方法として、*n*-**gram** と呼ばれる方法を使おう。

n-gram とは文章中の各文字から n 文字切り出したものだ。たとえば「検索アルゴリズム」に対する 3-gram は以下のようになる。

[検索ア, 索アル, アルゴ, ルゴリ, ゴリズ, リズム, ズム$, ム$$]

なお $ は文章の終わりを表す特別な記号だ。文章が 3-gram に分解してあれば、たとえば「アルゴリズム」が文章中のどこに現れるかを知りたければ、3-gram 中に「アルゴ」がある場所を調べればよい。

n-gram による方法は、その文書が何語で書かれたものかをまったく意識する必要がなく、しかも二分探索などの効率の良い検索アルゴリズムを使えるので、非常に便利だ。ただし注意点もある。*n*-gram に対して検索するだけでは不正確な結果が得られることもあることだ。たとえば、「検索アルゴリズムの改善」の 3-gram に対し、「リズム感」を検索するとしよう。「リズム」を 3-gram 中に発見できてしまうが、実際には「リズム感」は文章中にはない。つまり、*n*-gram 中から発見したものは「検索した語彙の出現場所の候補」であって、本当に文章中に出現しているかはちゃんと確かめてみないとわからない。この問題は n の値によって深刻さが異なる。n が小さければ（たとえば 1-gram を考えてみよう）「検索語彙の出現場所の候補」が多量に出てきて、しかもその多くには検索語彙は現れていない、という状況が起こりうる。n を大きくすれば、このような「無駄な候補」は減る。しかし、*n*-gram では元の文章の各文字に対して n 文字覚えなければならないので、元の文章が巨大だと、n をあまり大きくするのは *n*-gram のデータ自体が非常に大きくなってしまう。このような状況をふまえ、n の値は適切に選ぶ必要がある。

さて、それでは *n*-gram を計算するプログラムを作ろう。後に検索を行うため、*n*-gram はその n 文字が文章中の何番目の文字から始まっているかを付加した辞書として持つことにしよう。なお簡単のため、*n*-gram の中には同じ n 文字は複数回現れないと仮定する。

```
def ngram(s, n):    #文字列 s の n-gram を求める
  l = len(s)
  result = {}   #ngram 格納用の辞書
  s = s + '$' * n   #末尾に$を n 個付加しておく
  for i in range(0, l):
    result[s[i : i + n]] = i
    #「s の i 文字目から n 文字」は i 文字目から始まる
  return result
```

それでは試しに n-gram を計算させてみよう。

```
> ngram('検索アルゴリズムの改善', 3) ⏎
{'検索ア': 0, '索アル': 1, 'アルゴ': 2, 'ルゴリ': 3,
 'ゴリズ': 4, 'リズム': 5, 'ズムの': 6, 'ムの改': 7,
 'の改善': 8, '改善$': 9, '善$$': 10}
```

この結果を見れば、たとえば '改善' が9文字目から始まっていることがわかる。

次に検索を行うプログラムを作ろう。基本的には辞書に対して検索語彙の先頭 n 文字があるかを調べるだけでよいが、見つかった候補の場所に本当に検索語彙があるかは確認しなければならない。

```
def ng_search(s, ngram, n, query):
  #文字列 s の n-gram を使って query を検索
  nq = (query + '$' * n)[0 : n]
    #query の先頭 n 文字。末尾には$を付加
  if nq in ngram: #ngram 中に query の先頭 n 文字が見つかった
    idx = ngram[nq]    #s の idx 番目の文字から始まる n 文字が候補
    if s[idx : idx + len(query)] == query:
      #候補位置に実際に query が出現していた
      return idx
  return -1   #見つからなかったことを表す-1
```

では試してみよう。

```
> s = '検索アルゴリズムの改善' ⏎
> ng = ngram(s, 3) ⏎
> ng_search(s, ng, 3, 'アルゴリズム') ⏎
2
> ng_search(s, ng, 3, 'リズム') ⏎
5
> ng_search(s, ng, 3, 'リズム感') ⏎
-1
```

確かに「アルゴリズム」「リズム」は発見できており、「リズム感」は見つからなかったと報告している。正しく検索ができていそうだ。

以上見てきたとおり、整列・ヒストグラム計算・検索・辞書などの基本的な機能がそろっていれば、それらを組み合わせることで実用的なプログラムを案外簡単に作ることができるのだ。

練習問題

練習問題 8.1. アカウント名は整列済みであるとして、指定したアカウント名の人が配列の何番目にいるかを二分探索を用いて求める関数 **ex9_1** を定義せよ。なお、そのアカウント名の人がいなければ -1 を、複数いればそのうち最も先頭に近い人の順番を返すこと。以下は実行例である。

```
> data = ['Alice', 'David', 'John', 'Ken', 'Tom']
> ex9_1(data, 'Ken') ⏎
3
> ex9_1(data, 'Bob') ⏎
-1
```

練習問題 8.2. 数値を要素とする整列済みの配列と 2 つの数字 a と b ($a \leq b$) が与えられたとき、配列中に a 以上 b 以下の要素がいくつあるかを答える関数 **ex9_2** を定義せよ。なお、二分探索を活用することで、要素数を n として $O(\log n)$ 時間のアルゴリズムを与えること。以下は実行例である。

```
> data = [2, 3, 5, 9, 10, 12, 18]
> ex9_2(data, 0, 8) ⏎
3
> ex9_2(data, 4, 13) ⏎
4
> ex9_2(data, 19, 30) ⏎
0
```

練習問題 8.3. 入力が整列されている場合のヒストグラムの計算について考える。全商品数を n として、指定されたカテゴリの商品数を $O(\log n)$ 時間で計算する関数 ex9_3 を作成せよ（ヒント：問題 8.2 を参考にせよ）。以下は実行例である

```
> ex9_3(['A','A','A','A','B','B','C','C','C'], 'A') ⏎
4
> ex9_3(['A','A','A','A','B','B','C','C','C'], 'B') ⏎
2
```

なおこの方法を使えば、カテゴリ数を m として、計算量 $O(m \log n)$ でヒストグラムを作成できる。これは m が n に比べかなり小さければ histogram_sorted より高速だと言える。

練習問題 8.4. 整列済みの配列 2 つを入力とし、両方に共通する要素すべてからなる配列を出力する関数 ex9_4 を作成せよ。2 つの入力配列の長さをそれぞれ m と n として、$O(m+n)$ 時間のアルゴリズムを与えること。なお、入力配列の各々には同じ要素は複数含まれないとしてよい。以下は実行例である。

```
> ex9_4([1, 3, 4, 6, 7], [2, 3, 5, 7, 8]) ⏎
[3, 7]
```

練習問題 8.5. 整列されていないデータに対し小さい方から k 件を取り出すプログラムを作りたい。これには以下の分割統治法を用いることができる。

> 大きなデータの場合、十分小さなデータになるまで分割する。大きなデータの上位 k 件は、分割して得られた小さなデータそれぞれの上位 k 件を併合して得る。

この方針に従い関数 ex9_5 を作成せよ。以下は実行例である。

```
> ex9_5([5, 3, 2, 8, 4, 7, 10], 3) ⏎
[2, 3, 4]
> ex9_5([5, 3, 2, 8, 4, 7, 10], 5) ⏎
[2, 3, 4, 5, 7]
```

さらに関数 ex9_5 の計算量を見積もれ。特に、k が小さい場合（たとえば $k = 1$）や大きい場合（たとえば $k = n$）、計算量はどうなるだろうか。

練習問題 8.6. 入力が整列されていないとして、以下の分割統治法を用いて重複する要素を取り除いた配列を求めたい。

> 大きなデータの場合、十分小さなデータになるまで分割する。大きなデータについての結果は、分割して得られた小さなデータの結果を重複を除きながら整列しつつ併合して得る。

この方針に従い関数 ex9_6 を作成せよ。以下は実行例である。

```
> ex9_6(['A','B','A','C','A','B','C','C','A'])  ←
['A','B','C']
```

なお、このプログラムは、要素数を n、要素の種類が m 種類だとして、$O(n \log m)$ 時間で結果を求めることができるはずである。

第9章

データからの情報抽出：回帰分析

　第8章では巨大なデータに含まれる情報を検索・集約する方法を考えた。しかし、現代では、巨大なデータから情報を発見することが重要になっている。たとえば、スーパーマーケットでの購買履歴データは、それをぼんやり眺めるだけでは「牛乳を買っている人がいるな」とか「今週はサンマが売れているな」という程度のことにしか気づけないだろう。しかし、詳細に分析すれば、たとえば「おむつとビールを同時に買う消費者が多い[1]」というような、思いもよらない事実が見つかるかもしれない。しかし、現代ではデータが膨大になりすぎていて、データそのものを詳細に見ようとしてもどこから手を付けてよいのか、という状況になってしまうことが多い。データから何らかの面白い発見をするためには、データを一度集約し要約することが非常に重要になってきている。

　本章では、データからの情報発見の一例として 回帰分析 を取り上げる。

9.1　回帰分析とは

　回帰分析とは、複数の事項に関するデータがあるとき、ある事項と別の事項がどのような関係にあるかを調べる手法だ。たとえば、多くの人の身長体

---

[1]「おむつとビール」が同時に売れることの多い理由は「おむつはかさばるので他の食料品等とは同時に買いにくく、母親が父親に購入を依頼しがちで、父親はおむつを買うときについでにビールも買うことが多いため」と説明される。とはいえ、これは購買履歴分析における伝説のようなもので、現代において実際にこのような傾向があるかどうかは別問題ではある。

重のデータがあったとする。これに対し「身長が高いほど体重も重い」という傾向があると予想するのは自然だろう。しかし、もちろん実際には背が高いが体重は軽い人もいるし、逆に背は低いが体重の重い人もいる。何らかの基準がなければこの予想を検証できない。また、実際にそのような傾向があったとして、身長の増加がどの程度体重に影響するのかも気になるところだ。回帰分析はこのようなことを行うための手法だ。

回帰分析を行う対象は2種類の値からなるデータとは限らない。たとえば、何らかの商品の効率的な広告の方法を調べるため、その商品の顧客データを調べ、どのような人がその商品をよく買っているかを明らかにしたいと考えたとしよう。顧客には属性がたくさんある。たとえば年齢、性別、収入……。その商品を買うのは30歳代の比較的収入の多い男性が多い、というようなことがあるかもしれない。このような分析を行うためには、顧客の複数の属性とその商品の購入との間の関係を調べなければならないことになる。

9.2 最小2乗線形回帰分析の原理

ここでは**最小2乗線形回帰分析**（以下最小2乗法と呼ぶ）について簡単に説明する。最小2乗法は最も単純でかつよく使われる回帰分析だ。

回帰分析では、たとえば顧客の属性のようなデータ（回帰分析の文脈では**説明変数**と呼ぶ）$X = (x_1, x_2, \ldots, x_n)$ から、その商品を買う確率のようなデータ（**目的変数**と呼ぶ）y を予想する。特に最小2乗法では X と y は1次式の関係にあると仮定する。つまり、ある係数 $a_0, a_1, \ldots, a_n$ があって

$$y = a_0 + a_1 x_1 + a_2 x_2 + \cdots + a_n x_n \tag{9.1}$$

という関係が成り立つということだ。最小2乗法の目的は、実際に得られたデータから係数 $a_0, a_1, \ldots, a_n$ を推測することだ。

注意しなければならないのは、実際のデータはさまざまな理由でこの関係式通りにはならないということだ。代表的な理由を3つ挙げよう。

- 得られたデータは計測等の誤差を含んでいるかもしれない。たとえば、ばねに吊るしたおもりの重さと伸びは比例関係にあるが、実際に実験を

した場合には、おもりの重さもばねの伸びの長さも、ある程度の精度までしか計測できない。また、現実のばねは完全に理想的な挙動をするわけではないだろう。

- 現象が本質的に不確かさを持つかもしれない。たとえば、コインを n 枚投げたとき表が出る枚数は $n/2$ 枚程度であり、n に比例するが、しかし実際に投げてみると毎回ちょうど $n/2$ 枚表が出るわけではない。

- 現象は「1次式の関係」にないかもしれない。例として身長と体重の関係を考えよう。体重が体積におおむね比例することを考えれば、体重は身長そのものではなく身長の2乗ないし3乗に比例すると予想するのが自然だろう。また、その点を無視しても、身長は平均値を挟んでおおむね同程度に高い人・低い人がいるが、体重は非常に重い人はいても極端に軽い人はまずいない。たとえば、身長が170 cm の人を集めてきたとき、体重の平均が70 kg だったとしよう。この中に体重130 kg（平均 +60 kg）の人がいる可能性はあるが、体重10 kg（平均 −60 kg）の人がいることはまず考えられないだろう。このように身長と体重は分布の形が違うので「1次式の関係」が成り立つことはありえない。

実際の現象ではこれらの理由が複雑に絡み合う。いずれにしても、係数 $a_0, a_1, \ldots, a_n$ はデータからはっきり決まるわけではない。よって、回帰分析をするには何らかの基準でデータに「よく当てはまっている」ものを選ぶしかない。

最小2乗法では、式 (9.1) により得られた予測値と実際のデータの差の2乗をペナルティと考え、ペナルティの和が最小となるような係数を求めることを目指す。数式で記述すると、実際のデータから得られた目的変数と説明変数の組み合わせが $(y_1, X_1), (y_2, X_2), \ldots (y_m, X_m)$（ただし $X_i = (x_{i1}, x_{i2}, \ldots, x_{in})$）であったとき、

$$\sum_{i=1}^{m} (y_i - (a_0 + a_1 x_{i1} + a_2 x_{i2} + \cdots + a_n x_{in}))^2 \tag{9.2}$$

が最小となる $a_0, a_1, \ldots, a_n$ を求める。なお、なぜ差の2乗を考えるかについては本書の範囲を超える。専門書を参考にしてもらいたい。

Pythonでは最小 2 乗法を行うライブラリが提供されているので、まずは使ってみよう。補助ライブラリの `ita.plot.linear_fit` 関数にデータを渡せばよい。たとえば以下のような使い方となる[2]。

```
> import ita
> data = ita.array.make1d(100)
> for i in range(0, 100):
    data[i] = ita.gen_hw_data()
> ita.plot.linear_fit(data)
```

動作実験用に、身長・体重をイメージしたデータをランダムに生成する関数 `ita.gen_hw_data()` と、バネのおもりと伸びをイメージしたデータを生成する関数 `ita.gen_spring_data()` を提供している。実行した結果は図 9.1 のようなものになる。直線として表示されているのが推測の結果だ。もしほとんどのデータが直線付近にあれば、目的変数と説明変数はまさしく 1 次式の関係にあることがわかる。一方、直線とデータの分布が離れているようであれば、1 次式による目的変数の予測精度は低いと言える。また、直線の傾きは説明変数の変化が目的変数にどの程度影響を与えるかを表している。

さて、適切な係数 $a_0, a_1, \ldots, a_n$ はどうやって求めればよいのだろうか。適当な係数 a_k に注目して式 (9.2) を整理してみると、以下の式が得られる。

$$\sum_{i=1}^{m}(y_i - (a_0 + a_1 x_{i1} + a_2 x_{i2} + \cdots + a_n x_{in}))^2$$
$$= (\sum_{i=1}^{m} x_{ik}^2)a_k^2 - 2(\sum_{i=1}^{m} c_{ik} x_{ik})a_k + \sum_{i=1}^{m} c_{ik}^2$$
$$\text{ただし } c_{ik} = y_i - a_0 - \sum_{1 \le j \le n, j \ne k} a_j x_{ij}$$

この式は a_k について 2 次関数になっており、しかも a_k^2 の係数は 0 以上だ。つまり、a_k については下に凸な放物線のグラフになっており、微分値が 0 となる点で最小値を取る。これはどの係数についても同様の状況なので、つまりすべての係数について微分値が 0 となるような係数があれば、それが最小

---
[2] JuPyter の場合は `%matplotlib` を忘れないようにしよう。

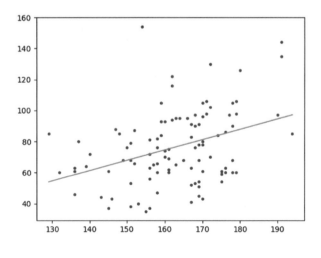

図 9.1　最小 2 乗法の実行結果

2 乗法の解となる。具体的に言えば、$0 \leq k \leq n$ なる各 k について、

$$2(\sum_{i=0}^{m} x_{ik}^2)a_k - 2(\sum_{i=0}^{m} c_{ik}x_{ik}) = 0$$

となるような係数 $a_0, a_1, \ldots, a_n$ を求める、という連立 1 次方程式の問題となる。

9.3　連立 1 次方程式の求解アルゴリズム

　ここまで見てきたように、最小 2 乗法の計算は本質的には連立 1 次方程式の求解だ。それでは、連立 1 次方程式を解くためのアルゴリズムはどのようなものだろうか。代表的なものは、前進消去と後退代入と呼ばれる 2 種類の処理に基づくものだ。

　例として $x + y - z = 2$、$3x + 5y - 7z = 0$、$2x - 3y + z = 5$ という 3 式からなる連立 1 次方程式を考える。前進消去では、式と変数を 1 つ選び（これを **ピボット** と呼ぶ）、その式を使って他の式からその変数を消去する。ただ

し、一度選んだ式は以降変数消去の対象から外す。変数の消去を簡単にするためピボットの係数は計算の過程で1にそろえることにすると、計算過程は以下のようになる。

$$x + y - z = 2$$
$$3x + 5y - 7z = 0$$
$$2x - 3y + z = 5$$

$\Rightarrow$ (1行目の x をピボットに選ぶ)
$$x + y - z = 2$$
$$2y - 4z = -6$$
$$-5y + 3z = 1$$

$\Rightarrow$ (2行目の y をピボットに選ぶ)
$$x + y - z = 2$$
$$y - 2z = -3$$
$$-7z = -14$$

前進消去の結果得られる連立方程式は、ピボットとして選ばれた順に式を並べると、後方の式ほど変数が少なくなっている。これらの式を今度は逆に変数が少ない側から使えば、各変数の値を順に求めてゆくことができる。これが後退代入だ。

$$x + y - z = 2$$
$$y - 2z = -3$$
$$-7z = -14$$

$\Rightarrow$
$$x + y - z = 2$$
$$y - 2z = -3$$
$$z = 2$$

$\Rightarrow$
$$x + y - z = 2$$
$$y = 1$$
$$z = 2$$

$$\Rightarrow \quad \begin{matrix} x & = 3 \\ y & = 1 \\ z & = 2 \end{matrix}$$

以上の処理をプログラムにしてみよう。まずは連立方程式をデータとして表現しなければならない。連立方程式では変数名には他の変数との区別以外の意味はない。重要なのは係数だ。よって、$x + y - z = 2$ という等式であれば、係数だけを残し [1, 1, -1, 2] という配列で表せばよいだろう。入力全体は等式の集合だから2次元配列として表すことにする。

次に前進消去のプログラムを書く。

```
def fe(a): #前進消去
  for i in range(0, len(a)):
    prepare(a, i, i) #i番目の式のi番目の変数の係数を1に
    for j in range(i + 1, len(a)):
      erase(a, j, i) #j番目の式のi番目の変数を消去
```

ピボットを配列の先頭から順に選び変数を消去する。prepare 関数は、その等式のすべての係数をピボットの係数で割ることで、ピボットの係数を1にする。erase 関数は、ピボットに選ばれた式を使い、指定された式からピボットに選ばれた変数を消去する。

```
def prepare(a, k, i): #k番目の式のi番目の係数を1に
  factor = a[k][i] #割る数を覚えておく
  for j in range(0, len(a[k])):
    a[k][j] = a[k][j] / factor

def erase(a, j, i): #a[j][i]を消去
  factor = a[j][i] #掛ける数を覚えておく
  for k in range(0, len(a[j])):
    a[j][k] = a[j][k] - factor * a[i][k]
```

いずれの関数も、処理の途中で入力配列 a を書き換えるため、変数 factor で必要な値を覚えておいている。

前進消去関数 fe が正しく動作しているかどうか確認しておこう。この確認は重要だ。この確認をせずに後退代入までプログラムしてからプログラムが

バグっていることに気づいた場合、バグっている場所を特定するのはかなり大変だ。

```
> a = [[1, 1, -1, 2],
       [3, 5, -7, 0],
       [2, -3, 1, 5]] ⏎
> fe(a)  ⏎
> a  ⏎
[[1.0, 1.0, -1.0, 2.0],
 [0.0, 1.0, -2.0, -3.0],
 [-0.0, -0.0, 1.0, 2.0]]
```

確かに後方に行くに従ってゼロの係数が増えており、前進消去が行われているように見える。なお、`fe`は新しい配列を作るのではなく、入力された配列を書き換えることに注意しておこう。

最後は後退代入だ。

```
import ita
def bs(a): #後退代入。a は前進消去後を想定
  n = len(a[0]) - 1 #n 変数の連立方程式
  result = ita.array.make1d(n) #各変数の解を格納する配列
  for i in range(0, n):
    calc_result(result, a, n - i - 1)
    #後ろから i 行目を使って解を計算
  return result

def calc_result(res, a, k): #k 個目の変数値を求める
  res[k] = a[k][len(a[0]) - 1] #まず右辺値を代入
  for j in range(k + 1, len(res)):
    res[k] = res[k] - res[j] * a[k][j]
    #既知の変数の結果を反映
```

後退代入のプログラム`bs`は後ろの行から順に`calc_result`を呼び出す。`calc_result`は既知の変数値を代入してゆくことで新しい変数の値を求めている。

前進消去と後退代入を組み合せれば連立1次方程式の解が求まる。

```
def solve_linear(a):
  fe(a)
  return bs(a)
```

168 　第 9 章　データからの情報抽出：回帰分析

出力結果は各変数の値が順に並んだものとなる。

```
> a = [[1, 1, -1, 2],
       [3, 5, -7, 0],
       [2, -3, 1, 5]]  ↵
> solve_linear(a)  ↵
[3.0, 1.0, 2.0]
```

　以上が連立 1 次方程式の解を求めるプログラムだ。それなりに長いプログラムで、しかも配列の参照位置など間違えやすいポイントもある。しかし、個々の部分についてはそれほど難しいわけではない。1 つ 1 つ注意深く組み上げれば完成するはずだ。

　最後に計算量を見積もっておこう。n 変数で n 本の等式からなるの連立 1 次方程式が入力だとしよう。前進消去では、prepare と erase がともに $O(n)$ で、prepare を n 回、erase を n^2 に比例する回数呼び出す。後退代入では、calc_result が $O(n)$、それを n 回呼び出す。以上から、erase にまつわる部分が最も時間がかかり、計算量は $O(n^3)$ となる。

9.4　連立 1 次方程式求解アルゴリズムの正しさ

　出来上がったプログラムは正しいだろうか？　先ほどの実行例は正しそうな結果だった。しかし、一般的にどうなるかはなかなか議論が難しい。何より、このプログラムは小数の計算を多数行う可能性があるため、誤差 の問題が深刻なものとなりやすい。

　いろいろな例を試してみると時折エラーとなってしまうことがわかるだろう。たとえば以下のようなケースだ。

```
> a = [[1, 1, 1, 3],
       [1, 1, -1, 1],
       [1, -1, 1, 1]]  ↵
> solve_linear(a)  ↵
...
ZeroDivisionError: float division by zero
```

　0 での割り算によるエラーが起こっている。実は、変数を消去してゆく過程である変数の係数が 0 となり、その変数をピボットとして選んだためにこ

のエラーが起こってしまっている。この連立方程式にはすべての変数の値が1となる解があるので、エラーで止まってほしくはない。

また、誤差が大きくなってしまうケースもある。

```
> a = [[0.001, 1, 0.001, 1.002],
       [-100, 1, 1, -98],
       [90, 1, 1, 92]]  ←
> solve_linear(a)  ←
[0.9999999999999227, 1.000000000000002, 0.9999999999980309]
```

こちらも解は全変数1であるが、特に3番目の変数の誤差は比較的大きい。もう少し細工をすると更に誤差を大きくできる。

```
> a = [[0.1 ** 7, 1, 0.1 ** 7, 1 + 2 * (0.1 ** 7)],
       [-100, 1, 1, -98],
       [90, 1, 1, 92]]  ←
> solve_linear(a)  ←
[1.0000000003671026, 0.9999999999999974, 1.0000000257099295]
```

どうしてこんなことが起こってしまうのだろうか？　これを理解するためには、なぜ小数の計算では誤差が引き起こされてしまうのかを知る必要がある。

9.5 数値誤差とその理由

小数の計算での誤差の理由を知るには、コンピュータの中で数値がどう表現されているかを知る必要がある。

大雑把に言うと、コンピュータの中での小数は**浮動小数点数**と呼ばれる形式で保持されている。これは、たとえば1.83×10^8のように、仮数×基数^{指数}という形式のことだ。「浮動小数点数」という名前は、指数部を変化させることで仮数部（特にその中の小数点）が何の位に対応するかが変化することに由来している。注意すべきは、仮数部が（あまり意識されることはないが指数部も）有限桁しかないことだ。そのため、小数点以下何桁かより下は四捨五入することになる。これがコンピュータ内での小数の計算の誤差の理由だ。

以下、簡単のため10進数で小数点以下2桁までしかない状況を考えよう。実際のコンピュータの計算は2進数を使っているし、小数点以下も10進数で

15桁程度はあるが、誤差が生じる理屈については同じだ。

まず、小数点以下3桁以上ある数は、小数点以下2桁になるよう四捨五入される。このときに生まれる誤差を**丸め誤差**と呼ぶ。たとえば 1.41×10^3 と 1.20×10^1 を足す場合、$1.41 \times 10^3 + 1.20 \times 10^1 = 1.422 \times 10^3$ となるが、これが四捨五入されて 1.42×10^3 となる。つまり、ここでは 0.002×10^3 ほどの丸め誤差が生じていることになる。丸め誤差のため、コンピュータ内での小数の計算は正確にはならない。特に2進数で有限桁の小数にならない数については注意が必要だ。たとえば、10進数の0.1は2進数では無限小数になるため、コンピュータ内では正確には表現できなくなる。丸め誤差はコンピュータで小数を扱う以上避けがたいものだが、普通はそれほど大きくない。前述のとおり、コンピュータ内での小数は普通仮数部が10進数で15桁程度あるので、丸め誤差は 10^{-13}% 程度ですむはずだ。

しかし、このわずかな丸め誤差が深刻な問題を生む場合がある。1つはごく小さな誤差も許されないような計算を行う場合、もう1つは誤差が拡大するような計算を行った場合だ。

ごく小さな誤差も許されないような計算の典型例が以下のようなプログラムだ。

```
def test1():
  i = 0
  while (i < 1.0):
    i = i + 0.1
  return i
```

このプログラムでは、iは0、0.1、0.2と増えていき、1.0になったところで終了する。よって結果は1.0になるはずだ。実行してみよう。

```
> test1() ⏎
1.0999999999999999
```

実際の結果はおよそ1.1になってしまっている！　この理由は、先ほど述べたように0.1はコンピュータ内では正確に表現できないこと、そしてこのプログラムがちょうど*1.0*になるかどうかを問題にしているところにある。0.1を10回足せばかなり1.0に近い値にはなるが、ちょうどそうなるとは限らない。丸め誤差によって少しだけ小さな結果が出てしまうかもしれず、その場

9.5. 数値誤差とその理由　171

合にはこのプログラムは意図した動作をしないのだ。このようなケースに対処するには、ある程度余裕を見た条件を設定することだ。

```
def test2():
  i = 0
  while (i < 0.99):
    i = i + 0.1
  return i
```

繰返しの中で、iは約0.9から約1.0になる。つまり、iが0.9より十分大きければ、ちょうど1.0ではなくても、おそらく意図した結果にたどり着いているだろう。これを表すため、0.9よりははっきり大きく、1.0よりは少し小さい0.99との比較を行っている。これなら、おおむね意図通りの結果が得られる。

```
> test2() ⏎
0.9999999999999999
```

本来わずかなはずの丸め誤差だが、これが計算の過程で拡大してしまうことがある。典型的なのは近い値同士の引き算だ。例として $2.32 - 2.30$ という引き算を考えよう。引く前は両方3桁ある。しかし、結果はおよそ0.02であり、この1桁だけしかわからない。実際、2.32と2.30の四捨五入前がそれぞれ 2.315 と $2.30499\cdots$ なら引き算の結果は約0.01、$2.32499\cdots$ と 2.295 なら約0.03なのだから、「およそ0.02」という見積もりは実に50%程度もの誤差を含みうることになる。さらに、この数で掛け算や割り算をした場合、計算結果の誤差はやはり50%程度になってしまう。このようにして生じた大きな誤差を **桁落ち** 誤差と呼ぶ。

桁落ちが起こる典型例は6.1節でみた差分化だ。差分化は $f(x)$ の微分を小さな値 Δx を使って $(f(x + \Delta x) - f(x)) / \Delta x$ で近似するものだった。このとき、Δx が小さければ当然 $f(x + \Delta x)$ と $f(x)$ は近い値になり、桁落ちが起こる。この場合は、桁落ちした結果を非常に小さい値である Δx で割ることにより、本当に大きな誤差を含む値を作り出してしまうので深刻だ。このため、差分化では小さすぎる Δx を使うと誤差がかえって大きくなることが知られている。

誤差が拡大するもう 1 つの典型例は、大きさの大きく異なる値同士の加減算で起こる。たとえば、$5.19 \times 10^3 + 5.72$ という計算を考えよう。この計算結果は 5.19572×10^3 だが、四捨五入されて 5.20×10^3 となってしまう。つまり 5.72 が持っていた情報はほとんど失われてしまうのだ。さらに、$5.19 \times 10^4 + 5.72$ であれば結果は 5.19×10^4 となり、もはや完全に足し算が意味をなさなくなってしまう。このようなケースを **情報落ち** と呼ぶ。

　情報落ちは、非常に小さな値を非常にたくさん足す場合、たとえば 5.19×10^4 に 5.72 を 1 万回足すとか、には深刻な誤差を生む。このような場面は公比 r が $0 < r < 1$ の等比数列の和などに現れる。この場合、素直に前から足してゆくと、これまでの和に比べ後方の項が非常に小さいため、情報落ちが起こってしまう。結果、後方の小さな項も総和としてはある程度の値となるはずだったとしても、それがすべて無視された計算結果となってしまう。

　このように、コンピュータで小数の計算をする場合、ほとんどの場合はわずかな丸め誤差ですむが、ときにそれが深刻な結果を生む。プログラムの正しさを調べる際にはこの点に注意しなければならないのだ。

9.6　ピボット選択による改善

　さて連立 1 次方程式の計算に戻ろう。私たちの作ったプログラムはどこで誤差を生んでいたのだろうか。1 つの可能性は桁落ち、すなわち非常に近い値の引き算を行い 0 に近い値を求めてしまった場合だ。特に、この値をピボットの係数として選んでしまうことは、すべての等式のすべての係数にこの誤差を伝播してしまい深刻な誤差を生む可能性があるため避けたい。なお、これを避けることでゼロ割エラーも同時に回避することができる。ゼロ割は引き算の結果がちょうど 0 だったときに起こるためだ。

　もう 1 点、大きさが非常に異なる数同士の加減算が行われないことも情報落ち誤差の回避には必要だ。しかし、初期入力時点で各式の係数の大きさがそれほどは違わなかった場合、普通に計算が進めば、そして 0 に近い値がピボットとして選ばれなければ、それほど大きく異なる係数が現れることはない。そのため、この点については本書では気にしないことにしよう。

> **コラム：コンピュータでの浮動小数点数の規格**
>
> コンピュータでの浮動小数点数の表現方法はコンピュータやプログラミング言語によって異なる。が、多くの場合 IEEE 754 として知られる国際標準規格に従っている。Python で利用されているのはこの中で「倍精度」と呼ばれる 64 ビットの浮動小数点数であることが多い。つまり、小数は 64 個の 0 または 1 の列で表現されている。具体的には 64 ビットを以下のように使っている。
>
> - 最初の 1 ビットが符号を表す。このビットが 0 ならば正の数、1 ならば負の数だ。
> - 次の 11 ビットは指数を表す。ただし、指数部が e を表す 2 進数であったとき、指数としては $e - 1023$ が使われる。これは指数が負の場合も扱うためだ。
> - 最後の 52 ビットは仮数を表す。ただし、この部分は 2 進小数であり、しかも 1 の位は省略されている。これは、1 の位が 0 の場合は指数を変えれば対処できるので考える必要がなく、しかも 2 進数なので 0 でなければ 1 だと確定するためだ。
>
> たとえば 0 10001100010 10100··· という形であれば（わかりやすさのために符号・指数・仮数の境界を明示している）、正の数で、指数が $1024+64+32+2-1023 = 99$、仮数が $1 + 1/2 + 1/8 = 13/8$ なので、$13/8 \times 2^{99}$ となる。
>
> 仮数部は省略されている 1 ビットを含めると 53 ビットあり、これは 10 進数で言えば $53 \log_{10} 2 \fallingdotseq 15.95$ なので 15 桁ないし 16 桁に相当する。つまり、丸め誤差は（桁落ちや情報落ちで増幅されなければ）かなり小さい。
>
> すべての数が上記形式で表現されるわけではない。たとえば、上記形式では 0 を表現できないため、0 には特別な表現が与えられている。また、計算結果がこの形式で表現できないほど大きな数や小さな数になった場合などにも、特別な表現を使う。
>
> コンピュータでの浮動小数点数の計算というのは実はかなり複雑なものなのだ。
>
> ---
> [†]IEEE Standard for Floating-Point Arithmetic:
> https://doi.org/10.1109/IEEESTD.2008.4610935

さて、0 や 0 に近い値をピボットとして選ぶことはエラーや大きな誤差の原因になるので避けたいのだが、それは可能だろうか？　連立 1 次方程式では式の順番は解に影響しないのだから、順番を入れ替え、別の式からピボットを選べばよい。この変更はそれほど難しくない。fe 関数に下線部の 1 行を追加するだけだ。

```
def fe(a):
  for i in range(0, len(a)):
    swap(a, i, maxrow(a, i)) #係数の絶対値が大きい式と交換
    prepare(a, i, i) #i番目の式のi番目の変数の係数を1に
    for j in range(i + 1, len(a)):
      erase(a, j, i) #j番目の式のi番目の変数を消去

def maxrow(a, i):
  m = i
  for j in range(i + 1, len(a)):
    if abs(a[m][i]) < abs(a[j][i]):
      m = j
  return m
```

maxrow関数は指定された行以降の各行について、指定された列の絶対値をabs関数で求め、それが最大の行を返す。この行をピボットとするのが誤差の観点から見て最も安全なので、swap関数（8.4節参照）によって、それをピボットとなるべき行（i行目）と入れ替える。これにより誤差のかなりの部分を回避することができる。

以上の変更を加えることで、9.4節で扱ったような例も比較的精度良く計算できる。

```
> a = [[0.001, 1, 0.001, 1.002],
       [-100, 1, 1, -98],
       [90, 1, 1, 92]] ⏎
> solve_linear(a) ⏎
[1.0, 1.0, 0.9999999999999987]
> a = [[0.1 ** 7, 1, 0.1 ** 7, 1 + 2 * (0.1 ** 7)],
       [-100, 1, 1, -98],
       [90, 1, 1, 92]] ⏎
> solve_linear(a) ⏎
[1.0, 0.9999999999999999, 0.9999999999999988]
```

残念ながら、適切なピボット選択を行っても大きな誤差を完全に回避できるわけではない。ピボット選択は大きな誤差が出る要因のうちの1つを解消したにすぎない。たとえば、ピボット選択を行っても以下の例については大きな誤差が出る。なお、正確な解はやはりどの変数値も1だ。

```
> a = [[100, 1, 1, 102],
       [101, 1, 10, 112],
       [0, 1, -899, -898]] ←
> solve_linear(a) ←
[15.4, -1437.4, -0.6]
```

この例では、最終的に3番目の式で係数が非常に小さくなる。ピボット選択は他に選択肢があれば小さな係数の式を避けることができるが、最後の式で係数が小さくなるケースについては助けにならないのだ。

練習問題

練習問題 9.1. 以下の実行結果の理由を述べよ。

```
> 0.1 + 0.1 + 0.1 == 0.3 ←
False
```

練習問題 9.2. 以下の実行結果の理由を述べよ。

```
> 0.1 == 0.10000000000000001 ←
True
```

練習問題 9.3. 2次方程式 $0.5x^2 - 0.9999999x + 0.4999999 = 0$ の解を求めようとして、解の公式に従い $(-b + \sqrt{b^2 - 4ac})/2a$ を計算したところ 1.0000000005138276 が得られた。この結果は正確な値 $x = 1$ とは大きく異なる。この理由を説明せよ。

練習問題 9.4. 4.5節で以下の実行結果を観察した。

```
> x = 10 ** 5 ←
> variance2([x + 0.1, x - 0.1, x + 0.1, x - 0.1]) ←
0.009998321533203125
> x = 10 ** 7 ←
> variance2([x + 0.1, x - 0.1, x + 0.1, x - 0.1]) ←
0.0
```

このような大きな誤差が生じる理由を説明せよ。

練習問題 9.5. 以下の関数 mult を考える。

```
def mult(x, y):
    s = 0
    for i in range(0, y):
        s = s + x
    return s
```

mult(0.75, 1000) がどのような結果になるかをその理由とともに予想せよ。また、mult(0.7, 1000) についても予想せよ。

練習問題 9.6. 以下の連立 1 次方程式はピボット選択を行う `solve_linear` 関数でも正しい解を求められなかった。その理由を説明せよ。

$$
\begin{aligned}
(2^{64}+1)x + 2^{64}y + 2^{64}z &= 3 \times 2^{64} + 1 \\
2^{64}x + (2^{64}+1)y + 2^{64}z &= 3 \times 2^{64} + 1 \\
2^{64}x + 2^{64}y + (2^{64}+1)z &= 3 \times 2^{64} + 1
\end{aligned}
$$

第 **10** 章

拡散のシミュレーション

第 6 章では放物運動のシミュレーションを行った。本章ではもう少し本格的物理シミュレーションの例として拡散を取り扱う。拡散は、液体が混ざる過程や熱伝導、生物の生息域の拡大など、さまざまな場所で普遍的に現れる現象だ。局所的には少しずつ混ざったりしてゆくだけなのだが、その結果としてどのような大域的な濃度や分布の変化が起こるかは、シミュレーションしてみないとなかなかわからないことも多い。

以下では簡単のため、細い筒のような 1 次元の領域での拡散を考える。また、拡散するのは熱でも絵の具でも病原菌でも何でもよいのだが、説明としては「濃度」という言葉を使うことにする。

10.1 拡散方程式

まずは、拡散がどのような物理法則に従うのかを知らないと話が始まらない。拡散では局所的な濃度の伝播量は濃度差（濃度勾配）に比例することが知られている（フィックの法則）。つまり、点 x での時刻 t の濃度を $u(x,t)$ とすると、比例係数を k として、

$$k\frac{\partial}{\partial x}u(x,t)$$

が濃度の伝播量となる。ここで $\partial/\partial x$ は x による偏微分であり、時刻 t を固定したままの、つまり適当な時刻 t での、x に関する微分を表す。実際に地

点 x での濃度がどう変化するかは、x への両側からの流出入の合計によって決まる。たとえば、ある地点から x 軸正方向へ濃度が流出している場合、同じ地点の x 軸負方向からは逆に流入しているだろうから、この地点での濃度変化は流入量と流出量の差となる。言い換えると、濃度の伝播量の空間的な、つまり x 軸方向上での変化率が濃度の時間変化を定める。数式で書き下すと以下となる。

$$\frac{\partial}{\partial t}u(x,t) = k\frac{\partial^2}{\partial x^2}u(x,t)$$

微分方程式に慣れていない場合、以上の導出はわからなくてもかまわない。本章の目的はあくまでこれのシミュレーションだ。

10.2 拡散方程式の差分化

シミュレーションを行うために、まず微分方程式の差分化を行う。放物運動のときと同様、小さな時間刻み Δt と空間刻み Δx を用意し、

$$\frac{\partial}{\partial t}f(x,t) \fallingdotseq \frac{f(x,t+\Delta t) - f(x,t)}{\Delta t}$$

$$\frac{\partial}{\partial x}f(x,t) \fallingdotseq \frac{f(x+\Delta x,t) - f(x,t)}{\Delta x}$$

と差分化を行う[1]。

$$\frac{\partial}{\partial t}u(x,t) = k\frac{\partial^2}{\partial x^2}u(x,t)$$

$$\Rightarrow \frac{u(x,t+\Delta t) - u(x,t)}{\Delta t} = k\frac{\partial}{\partial x}\frac{(u(x+\Delta x,t) - u(x,t)}{\Delta x}$$

$$\Rightarrow \frac{u(x,t+\Delta t) - u(x,t)}{\Delta t} = k\frac{\frac{u(x+\Delta x,t)-u(x,t)}{\Delta x} - \frac{u(x,t)-u(x-\Delta x,t)}{\Delta x}}{\Delta x}$$

$$\Rightarrow \frac{u(x,t+\Delta t) - u(x,t)}{\Delta t} = k\frac{u(x+\Delta x,t) - 2u(x,t) + u(x-\Delta x,t)}{\Delta x^2}$$

---

[1] 差分化の過程で $\frac{\partial}{\partial x}f(x,t) = (f(x,t) - f(x-\Delta x,t))/\Delta x$ としている部分があるが、この点については後ほど 10.5 節で説明する。

$$\Rightarrow u(x, t+\Delta t) = u(x,t) + \frac{k\Delta t}{\Delta x^2}(u(x+\Delta x, t) - 2u(x,t) + u(x-\Delta x, t))$$

$c = k\Delta t/\Delta x^2$ とおけば、最終的な漸化式は以下となる。

$$u(x, t+\Delta t) = (1-2c)u(x,t) + cu(x+\Delta x, t) + cu(x-\Delta x, t)$$

これによって時刻 t の結果から時刻 $t + \Delta t$ の結果を求めることができる。

シミュレーションをするには、これに加えて**初期値**と**境界条件**を決めておかなければならない。初期値は、時刻 $t = 0$ でどのような濃度分布となっているかだ。これはシミュレーション開始時の状況を決定する。境界条件とは、シミュレーション領域の端がどうなっているかだ。漸化式は $u(x, t+\Delta t)$ を求めるために両隣である $u(x+\Delta x, t)$ や $u(x-\Delta x, t)$ を使う。逆に言えば、両隣のどちらかが欠けてしまう端の部分では漸化式が使えない。そのため、端については別途ルールを決める必要がある。

初期値と境界条件はシミュレーションの目的によって決めることになる。今回は以下の簡単な状況を考えよう。

- 長さ 10 の筒を考える。
- $x = 0$ および $x = 10$ では常に濃度 1（境界条件）
- $0 < x < 10$ では、$t = 0$ では濃度 0（初期値）

10.3 拡散シミュレーションのプログラム

それではプログラムを書こう。方針は放物運動やライフゲームのときと同じだ。まずは、漸化式を使って時刻 t の状況から時刻 $t + \Delta t$ の状況を求めるプログラムを作る。比例定数 k を決めなければならないが、仮に $k = 1.0$ としよう。

```
import ita
def diffusion_step(stride, time_stride, cur):
  n = len(cur)
  new_u = ita.array.make1d(n)
  c = 1.0 * time_stride / stride ** 2  #k=1.0に注意
  new_u[0] = 1.0        #境界条件
  new_u[n - 1] = 1.0 #境界条件
  for i in range(1, n - 1):
    new_u[i] =  ((1 - 2 * c) * cur[i] +
                  c * (cur[i - 1]  + cur[i + 1]))
  return new_u
```

time_stride が Δt、stride が Δx に対応する。シミュレーション対象の筒は stride ごとに輪切りにされ、それぞれの場所の濃度が配列に格納されている。時刻 t の状況が配列 cur に入っているので、これを使って時刻 $t + \Delta t$ の状況を計算し配列 new_u に格納する。計算過程に特に難しいところはない。境界条件が反映されているところ、また両端以外は漸化式に従っているところを確認しておこう。

あとは、これを適当な回数繰り返せばよい。仮に 2 秒間繰り返すことにしよう。

```
def diffusion(stride, time_stride):
  steps = round(2 / time_stride)   #繰返し回数
  n = round(10 / stride)    #筒を輪切りにした領域数
  cur_u = ita.array.make1d(n)
  cur_u[0] = 1.0           #境界条件
  cur_u[n - 1] = 1.0 #境界条件
  for i in range(0, steps):
      cur_u = diffusion_step(stride, time_stride, cur_u)
  return cur_u
```

長さ $10/\Delta x$ の配列を作り、初期条件を設定し、$2/\Delta t$ 回 diffusion_step を繰り返すだけだ。なお、Δx や Δt で割った結果を整数になおすために round 関数を使っている。

例のごとく、この実行結果を見ても正しさが判然としない。アニメーションさせるようにしよう。

```
def diffusion_anime(stride, time_stride):
  steps = round(2 / time_stride)   #繰返し回数
  n = round(10 / stride)     #筒を輪切りにした領域数
  cur_u = ita.array.make1d(n)
  cur_u[0] = 1.0        #境界条件
  cur_u[n - 1] = 1.0 #境界条件
  result = ita.array.make1d(steps)
  for i in range(0, steps):
    result[i] = [cur_u]
    cur_u = diffusion_step(stride, time_stride, cur_u)
  return result
```

アニメーションのために各時間ステップでの結果を格納した配列を作っているだけで、特に難しいところはない。注意すべき点は、濃度の状況を表す配列 cur_u が 1 次元配列で画像に対応しないため、2 次元配列に直してから result に入れていることぐらいだろうか。あとはこの結果をita.plot.animation_show で表示すればよい。

10.4　拡散シミュレーションの安定性

出来上がったプログラムはどれくらい正しいだろうか？　もちろん、微分方程式を差分化して近似しているのだから、完全に正確な結果ではないだろう。また小数の計算は当然誤差を含む。とはいえ、Δt や Δx を小さくすれば正確な値が求まるだろうと期待できる。

実際に、Δx を小さくしていってみよう。diffusion_anime(1, 0.1)、diffusion_anime(0.5, 0.1)、そして diffusion_anime(0.2,0.1) の 3 種類の実行の結果を図 10.1〜10.3 に示す。diffusion_anime(1, 0.1) とdiffusion_anime(0.5, 0.1) の結果はよく似ていて、Δx を小さくした分だけ精細になっているように見える。しかし diffusion_anime(0.2,0.1) の結果は大きく異なる。特に、両端付近に濃度の高い領域と濃度の低い領域が交互に現れている部分があり、明らかにおかしい。期待に反して、最も刻み幅が小さい diffusion_anime(0.2,0.1) が最も変な結果となってしまった。なぜこんなことになってしまったのだろうか？

図 10.1 diffusion_anime(1, 0.1) の結果

図 10.2 diffusion_anime(0.5, 0.1) の結果

図 10.3 diffusion_anime(0.2, 0.1) の結果

コンピュータでのシミュレーションの文脈では、まっとうな結果が出る状況を 安定、明らかにおかしな結果が出る状況を 不安定 と呼ぶ。今回作った拡散方程式のプログラムでは、Δt や Δx の値を自由に変化させることはできない。$c = k\Delta t/\Delta x^2$ について、$0 \leq c \leq 1/2$ を満たさなければ不安定になってしまう。

なぜこのような条件が課されるのだろうか。数学的に正確な議論は少々面倒なので省くが、おおむね以下のような理屈だ。漸化式を思い出してみよう。

$$u(x, t+\Delta t) = (1-2c)u(x,t) + cu(x+\Delta x, t) + cu(x-\Delta x, t)$$

この漸化式は「$u(x, t+\Delta t)$ は $u(x,t)$ と $u(x+\Delta x, t)$ と $u(x-\Delta x, t)$ の重み付き平均で求める」と読むことができる。これは直感的だ。現状の濃度から拡散によって両隣の濃度にある程度近づくことを表しているのだから。しかし、$c > 1/2$ の場合、$u(x,t)$ の係数が負になってしまう。こうなってしまうと話がおかしくなる。$u(x,t)$ が大きいほど $u(x, t+\Delta t)$ が小さくなり、逆に $u(x,t)$ が小さいほど $u(x, t+\Delta t)$ が大きくなる。そんなことはありえない。よって、$0 \leq c \leq 1/2$ でなければこの漸化式は意味をなさないのだ。

また、別の観点から説明するとこうなる。$c \leq 1/2$ を式変形すると $2k\Delta t \leq \Delta x^2$ となる。端的に言えば、Δt が Δx に対して十分に小さいことが要求されているのだ。上記漸化式は拡散の影響を隣にしか伝播しない。しかし、Δt が大きく Δx が小さい場合、拡散の速度を考えると、Δt 時間後には Δx より遠く離れた地点まで拡散の影響が起こってしかるべきだ。つまり、上記漸化式はそもそも Δt が Δx に対して十分に小さいことを暗黙の前提としていたのだ。

このことは計算量にも影響する。`diffusion` 関数の計算量は $O(1/\Delta t \Delta x)$ だが、$2k\Delta t \leq \Delta x^2$ という制約条件より、時間刻み幅 Δt を最大限大きくとっても $O(1/\Delta x^3)$ に等しい。つまり、空間的な刻み幅を小さくするとその3乗の時間がかかるようになる。このため、細かい刻み幅で計算を行う、つまり計算結果の精度を高めるのにはかなりのコストがかかる。

以上見てきたことをまとめる。まず、差分化によるシミュレーションは非常に強力だ。差分化を行うことで、背景となる物理現象や微分方程式についてほとんど知ることなく、単純な式変形により漸化式を得ることができる。漸化式からプログラムを作るのは、ほとんどただのルーチンワークだ。しかし、その差分化によるシミュレーション結果が正しいかどうかはかなり注意深く調べないとわからない。一見自然なプログラムがおかしな挙動を引き起こすことは少なくないのだ。また、ほとんどの場合、精度と実行時間のトレードオフにも悩ませられる。精度良くシミュレーションを行うためにはかなりの実行時間が必要となることも少なくない。

10.5　さまざまな差分化手法とその精度

私たちはここまで、拡散シミュレーションについては、ある条件を満たさない場合には不安定な、それゆえとてつもない誤差を含んだ結果が出る、ということを学んだ。しかしこの結果はかなり不満が残るものだ。「場合によってはひどく悪い結果になる」というだけでは、このシミュレーションを使おうという気になれない。このシミュレーションの「良さ」はないものだろうか。たとえば、不安定にならない範囲であれば、刻み幅 Δx や Δt が小さくなるほど結果が正確になると言えないものだろうか。

この疑問に答えるため、以下では差分化手法を解析し、刻み幅 Δx や Δt が小さくなるほど精度が高まることを示す。これはシミュレーション結果の正しさへの傍証にはなる。安定性や丸め誤差など他の要因が影響しないならば、刻み幅が小さいほど精度が高いと言えるからだ。ただし、これはシミュレーション結果を盲目的に信じる証拠にはならない。すでに見たように安定性は結果の正確さに非常に大きな影響を与えるし、桁落ちなどによってもたらされる誤差も無視できない。この点は重要なので特に強調しておく。

誤差の解析では**テイラー (Taylor) 展開**をよく使う。数学的に厳密な議論を省略すると、テイラー展開というのは以下のような等式として理解できる[2]。ここで $f^{(k)}$ は f を k 回微分して得られる関数を表す。また a は適当な定数であり、以下の等式は特に「f の a のまわりでのテイラー展開」と呼ばれる。

$$f(x) = f(a) + f^{(1)}(a)(x-a) + \cdots + \frac{f^{(k)}(a)}{k!}(x-a)^k + O((x-a)^{k+1})$$

テイラー展開は関数 f に対しその微分値を用いた多項式近似を与える。k 次の項 $(x-a)^k$ の係数は f の k 回微分値 $f^{(k)}(a)$ を $k!$ で割ったものだ。テイラー展開によって得られる多項式はあくまで近似であり、元の f と正確に一致するわけではない。が、その誤差はたかだか $(x-a)^{k+1}$ に比例する程度であることが保証される。

テイラー展開をするには a を決める必要がある。このとき、誤差が $(x-a)^{k+1}$ に比例する程度であることから、a のまわりでのテイラー展開はおおむね a に近い点では正確で、遠ざかるにつれ不正確になることがわかる。そのため、もし注目したい点 x が事前にわかっているならば a は x に近い値を使うのがよい[3]。

さて、テイラー展開を用いて差分化の誤差を評価しよう。私たちは以下の

---

[2] この等式が満たされるためには f にいくつかの仮定が必要だ。大雑把には、f が十分な回数微分できることと、f の値が急に発散（たとえば $\theta = \pi/2$ 付近での $\tan\theta$ のように）したりしないことを仮定しておけばよい。衝突を起こさない物体の運動や拡散などをシミュレーションする場合であればこの仮定は成り立つ。

[3] 実際 $x = a$ なら誤差はない。ただしテイラー展開をする意味もなくなってしまう。

差分化を考えてきた。

$$\frac{\mathrm{d}}{\mathrm{d}x}f(x) \fallingdotseq \frac{f(x+\Delta x)-f(x)}{\Delta x}$$

この誤差を評価したい。$f(x+\Delta x)$ を x のまわりのテイラー展開によって近似すると、以下のようになる。

$$\begin{aligned}
& \frac{f(x+\Delta x)-f(x)}{\Delta x}-f^{(1)}(x) \\
=\ & \frac{f(x)+f^{(1)}(x)\Delta x+\mathrm{O}((\Delta x)^2)-f(x)}{\Delta x}-f^{(1)}(x) \\
=\ & \mathrm{O}(\Delta x)
\end{aligned}$$

つまり、この差分化は確かに Δx を小さくするほど誤差は小さくなり、その誤差は Δx に比例する程度だということがわかる。

刻み幅を小さくするほど誤差が小さくなるというのは悪いことではないが、誤差が刻み幅に比例する程度だというのはあまりうれしくはない。注意してほしいのは、この誤差は差分化ごとに毎回、つまり微分を差分で近似するたびに、もたらされるものだということだ。シミュレーションをする際には、この差分化に基づいて何度も何度も繰り返し計算を行う。毎回 Δx に比例する程度の誤差があるなら、最終的な結果はかなりの誤差を含む可能性がありそうだ。もう少し誤差を減らせないだろうか。

先ほど示した差分化手法は「前進差分」と呼ばれるものだ。一方で、「中心差分」と呼ばれる少し異なる手法もある。

$$\frac{\mathrm{d}}{\mathrm{d}x}f(x) \fallingdotseq \frac{f(x+\frac{\Delta x}{2})-f(x-\frac{\Delta x}{2})}{\Delta x}$$

中心差分では、x での微分値を x の前後両方の値から求めている。これによって誤差は改善するだろうか? 計算してみよう。今回は $f(x+\frac{\Delta x}{2})$ と $f(x-\frac{\Delta x}{2})$

の両方を x のまわりのテイラー展開によって近似する。

$$
\begin{aligned}
&\frac{f(x+\frac{\Delta x}{2}) - f(x-\frac{\Delta x}{2})}{\Delta x} - f^{(1)}(x) \\
=\ &\frac{\begin{array}{l}f(x) + f^{(1)}(x)\frac{\Delta x}{2} + \frac{f^{(2)}(x)}{2}(\frac{\Delta x}{2})^2 + \mathrm{O}((\frac{\Delta x}{2})^3) \\ -\,(f(x) - f^{(1)}(x)\frac{\Delta x}{2} + \frac{f^{(2)}(x)}{2}(\frac{\Delta x}{2})^2 + \mathrm{O}((\frac{\Delta x}{2})^3))\end{array}}{\Delta x} - f^{(1)}(x) \\
=\ &\mathrm{O}((\Delta x)^2)
\end{aligned}
$$

誤差が改善していることがわかる。実は、私たちの拡散シミュレーションでも x 軸方向には中心差分を用いていた。x の左右 $x+\Delta x$ と $x-\Delta x$ の両方の値を使って点 x での時刻 $t+\Delta t$ の値を求めていたのがその証拠だ。このおかげで、拡散シミュレーションの結果の精度はそれなりに改善している。

それでは、前進差分を使うのを避け、常に中心差分を使うべきなのだろうか？ そうとは言えない。前進差分の長所は、「x での値がわかれば $x+\Delta x$ の値がわかる」という漸化式として機能する点だ。実際、このことを用いて私たちはシミュレーションをしてきた。一方、中心差分の場合「x での値を知るには $x+\Delta x$ および $x-\Delta x$ の両方の値が必要」なので、前進差分のような形で素直にシミュレーションを行うことはできない。無理に各地点での値を求めようとすると連立方程式を解かなければならなくなってしまう。私たちの拡散シミュレーションでは、時間方向については前進差分を用いていたためこの難しさを回避できていたのだが、一般的には中心差分を用いることによる精度改善にはそれなりのコストがかかるということだ。

10.6　誤差を伴うプログラムのテスト

誤差を伴うプログラムの正しさをテストするのは難しい。テストをして得られた結果が予想と異なっていたとして、それは誤差の範疇と言えるのだろうか？ また、予想とほとんど一致していたとしても、誤差のせいで偶然一致した可能性はないのだろうか？

この問題は 7.10 節で考えた、擬似乱数を使ったアルゴリズムの正しさの話に近い。基本的な対処は、とにかくさまざまなケースを試し、出てきた結果の誤差がどの程度であるかを調べることだ。また、このとき、そもそも自分がそのアルゴリズムの誤差としてどの程度を許容するかを考えておくと判断がしやすい。

　さまざまなケースを考えるときの 1 つの指針は、誤差の大きさが変わるような入力を意図的に作ることだ。たとえば、差分化をしている場合は、Δt や Δx などの刻み幅を変えるのが 1 つの方法となる。刻み幅が小さくなるにつれて誤差が小さくなっているか、急に変な値になっていたりしないかを観察すれば、プログラムの正しさを確認しやすいだろう。

　他の方法としては、浮動小数点数の表現を変化させる、という手法がある。多くの Python の処理系では 64 ビットの浮動小数点数が使われているが、この代わりに 32 ビットや 128 ビットの浮動小数点数を使えばどうなるかを確認するのだ。やはり、ビット数が増えるほど精度が良くなるようであれば、プログラムとしては正常な動作だと判断できるだろう。なお、あえて浮動小数点数の仮数部の桁数より短い桁で四捨五入しても同じ効果が得られる。

　以上のような方法があるとはいえ、誤差を伴うプログラムを適切に扱うのは本当に難しい。信頼のできるライブラリなどがあるなら、それを利用したほうが無難だ。

練習問題

練習問題 10.1. 関数 $f(x)$（多項式や指数関数などよく知られたものではないかもしれない）に対し、差分化を用いてその微分を求めたい。

$$\frac{\mathrm{d}}{\mathrm{d}x}f(x) \fallingdotseq \frac{f(x+\Delta x)-f(x)}{\Delta x}$$

これ実現する関数 `ex11_1` をプログラムせよ。以下は $f(x) = x^2$ の微分 $f'(x)$ を $\Delta x = 0.001$ として近似的に求める実行例である。特に $f'(0) \cdot f'(3) \cdot f'(5)$ を計算している。

```
> def square(x):
    return x * x ⏎
> ex11_1(square, 0.001, 0) ⏎
0.001
> ex11_1(square, 0.001, 3) ⏎
6.000999999999479
> ex11_1(square, 0.001, 5) ⏎
10.001000000002591
```

また、微分が理論的にわかっている関数（たとえば $f(x) = 1/x$）について実行し、誤差が Δx の変化に従ってどのように増減するか調べよ。

練習問題 10.2. 後退差分とは以下の形式の差分化である。

$$\frac{\mathrm{d}}{\mathrm{d}x}f(x) \fallingdotseq \frac{f(x) - f(x - \Delta x)}{\Delta x}$$

この誤差をテイラー展開を用いて評価せよ。

練習問題 10.3. 長さ l の棒におもりを吊るした振り子を考える（図 10.4）。重力加速度を g、時刻 t に棒と鉛直線のなす角を $\theta(t)$ とすると、おもりの円弧方向の運動は以下の微分方程式で記述できる。なお、重力加速度 g は 9.8 とし、角度はすべてラジアンだとする。

$$\frac{\mathrm{d}^2}{\mathrm{d}t^2}\theta(t) = -\frac{g}{l}\sin\theta(t)$$

この微分方程式を差分化すると以下の式が得られる。

$$\frac{\theta(t + \Delta t) - 2\theta(t) + \theta(t - \Delta t)}{\Delta t^2} = -\frac{g}{l}\sin\theta(t)$$

これをもとにシミュレーションを行う関数 ex11_3 を作成せよ。以下は $t \leq 0$ のとき $\theta(t) = \pi/3$、$l = 0.1$、$\Delta t = 0.1$ として、10 ステップ、つまり $\theta(0.1), \theta(0.2), \ldots, \theta(1)$ を求めている実行例である。

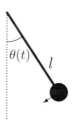

図 10.4　振り子

```
> ex11_3(math.pi / 3, 0.1, 0.1, 10) ⏎
[0.19849265548784756,
 -0.8434602117471326,
 -1.1534038231401118,
 -0.5674813469743563,
 0.5452008144627251,
 1.149664969961521,
 0.8597546326563921,
 -0.17268450881947162,
 -1.0367326539659518,
 -1.0572500815941208]
```

第11章

高度な検索：ゲノムを解析する

　巨大なデータというとインターネット上にあるようなデータを思い浮かべるかもしれないが、生物そのものも巨大なデータの塊だ。人の体は40兆もの細胞があり、人の脳には1000億ものニューロンがあると言われている。いずれも膨大で、細胞やニューロンの粒度で人の体をシミュレーションすることを考えれば、相当な規模のデータだと言えるだろう。また、人のゲノムは約30億の塩基対からなり、これも膨大なデータだ。しかも、ヒトゲノムの分析は医学等の発展に避けては通れないものなので、データが巨大だからコンピュータでも扱えないなどと泣き言を言うわけにはいかない。

　本章では、ヒトゲノムのような長大なデータを分析する手法について考えてみよう。

11.1　特定の塩基を豊富に含む部位の検索

　ゲノムであるDNAはアデニン（A）・チミン（T）・グアニン（G）・シトシン（C）の4種類の塩基が並んで構成されている。この中から、たとえばグアニンを豊富に含む部位を見つけたいとしよう。どうすればよいだろうか？

　このような問題を考える際には、まず問題を精緻化しなければならない。「豊富に含む」とはどういうことだろうか。含まれるグアニンの数が多い部位、という意味であれば、ゲノム全体を取ってくれば明らかに最大になる。では、グアニン密度が高い部位、となると、今度はグアニンだけを含む列（グ

アニン1個だけでもよい）が最もよいことになる。どちらも常識的に考えて見つけたいものではない。

1つの考え方は、グアニンには正のスコア（たとえば2点）、それ以外には負のスコア（たとえば−1点）を割り当てて、スコアが最も大きくなる部位を探す、というものだ。これが現実のゲノムに対しうまくいくかどうかはさておき、試してみる価値はありそうだ。

次に、ゲノムをプログラムで扱えるデータとして表現する方法を考える。配列でゲノムを表すのは自然だ。各要素は本来は塩基であるはずだが、ここでは簡単のためスコアが直接保存されているものとしよう。

以上をまとめると、解くべき問題は以下のようなものになる。数値が並んだ配列を入力として、その配列の一続きの部分であって、要素の和が最大となるようなものを見つけるのが目的だ。

ここまで問題が精緻化できれば、単純なプログラムであればそれほど苦労なく作ることができる。まずは配列の一部分の要素和を求める関数を用意しよう。

```
def rangeSum(x, i, j): #配列xのi番目からj番目までの和
  s = 0
  for k in range(i, j + 1):
    s = s + x[k]
  return s
```

何ら難しいことはない。あとは、すべての部分配列に対してこれを調べ、最大のものを探せばよい。

```
def maxSumRange(x): #配列xの一部分の要素和の最大値
  m = 0   #最大値の候補
  for i in range(0, len(x)):
    for j in range(i, len(x)):
      m = max(m, rangeSum(x, i, j))
  return m
```

単純にすべての可能性を調べているだけである。配列のi番目からj番目までを調べる都合上、jがi以上である必要があることに注意しよう。

なお、上記maxSumRangeは要素和の最大値を求めているが、それを達成する部分が具体的に何番目から何番目までの範囲なのかは求めていない。これ

を求めるためには、mとともに範囲の情報も覚えておけばよく、変更は難しくない。以降も簡単のため、最大値のみを求めるプログラムを考える。

このアルゴリズムの計算量はどのくらいだろうか。配列の長さをnとすると、`maxSumRange`は$n(n+1)/2$回ほど`rangeSum`関数を呼び出す。`rangeSum`関数の計算量は、与えられた`i`と`j`にもよるが、おおむね配列の長さnに比例するぐらいだろう。となると、全体では計算量は$O(n^3)$となる。

計算量が$O(n^3)$というのは満足できる結果だろうか。表 7.1 を思い出してほしい。ゲノムの長さが30億だとすると、$O(n)$ぐらいの計算量であってほしい。計算量が$O(n^3)$というのはほとんど論外だと言っていい。

11.2 検索の高速化

もっと高速に最大要素和の部分を見つける方法はないだろうか？　もちろん、分割統治法を用いる、といったように、根本的にアルゴリズムを作り変えてしまう方法もあるが、それはよいアイデアがないと難しい。計算方法の大枠をできる限り維持したまま改善するとすれば、基本的な指針は以下のようなものになる。

- 何度も行われている、本質的には無駄な計算や処理を発見する。

- 適切な形式でデータを保持することで無駄を省く。

`maxSumRange`であれば、要素和を求める部分には明らかな無駄がある。たとえば、3番目から30番目の要素和を求める計算と、3番目から31番目までの要素和を求める計算は、そのほとんどが共通しているため、個別に行うのは無駄だ。30番目までの和がわかっているならば、それに31番目の値を足すだけで31番目までの和が求まるのだから。

同様に、最大値を求める部分にも無駄がないだろうか。たとえば、0番目から30番目までの要素和の最大値がわかっていたとして、0番目から31番目までの要素和の最大値は高速に求まったりしないだろうか？　直感的にはありそうな話だ。たとえば、8番目から30番目までの要素$[x_8, x_9, \ldots, x_{30}]$の和と、14番目から30番目までの要素$[x_{14}, x_{15}, \ldots, x_{30}]$の和を比較して、前者のほ

うが大きいとがわかっていたとしよう（要するに $x_8 + x_9 + \cdots + x_{13} > 0$ ということだ）。この場合、8番目から31番目までの要素 $[x_8, x_9, \ldots, x_{30}, x_{31}]$ の和と、14番目から31番目までの要素 $[x_{14}, x_{15}, \ldots, x_{30}, x_{31}]$ の和を比較する必要はない。前者が必ず大きい。このアイデアをうまく使うことができれば、大きく無駄を省けそうだ。

アイデアを直接プログラムとして実現するのは往々にして少々難しい。こういう場合、まずは漸化式を考えるとうまくいくことが多い。いま、入力配列を x とし、その k 番目要素を右端とするような部分配列の和の最大値を $ms(k)$ としよう。配列の長さが n だとすると、$ms(0), ms(1), \ldots, ms(n-1)$ をすべて求めることができれば、それらの最大が求める最大要素和だ。しかも $ms(k)$ は以下の漸化式を満たす。

$$\begin{align} ms(0) &= x[0] \\ ms(k) &= \max\{x[k], ms(k-1) + x[k]\} \end{align}$$

$ms(0)$ は最初の要素を右端とする部分配列なので、最初の要素のみを含むものしかありえない。$ms(k)$ については、右端 $x[k]$ を使うのはよいとして、それ以外の部分については $k-1$ 番目の要素を右端とするような部分配列の中で和が最大となるものを使えばよい。ただし、右端 $x[k]$ のみを使うのが最大の場合もあるので、この両者を吟味すればよい。

漸化式ができたら、それをもとにプログラムを作成する。1つの方法は漸化式を再帰関数にする方法だ。再帰関数なら、ほぼそのままプログラムとすることができる。

```
def ms(x, k):
  if k == 0:
    return x[0]
  else:
    return max(x[k], ms(x, k - 1) + x[k])
```

`ms` の計算量を見積もってみよう。`ms(x,k)` に要する時間を $T(k)$ とすると、$T(0) = 1$、$T(k) = T(k-1) + 2$ となるので、計算量は $O(n)$ となる。

次に `ms` から最大要素和を求める。自然なプログラムは以下のようなものだ。

```
def maxSumRange(x):
  m = 0
  for i in range(0, len(x)):
    m = max(m, ms(x, i))
  return m
```

しかしこのプログラムは x の長さを n とすると、ms の計算量が $O(n)$ なので、全体の計算量は $O(n^2)$ だ。$O(n^3)$ からは改善したがまだ遅い。

もう一度よく見直してみると、今度のプログラムにも無駄が残っていることがわかる。ms(x,k) の計算では ms(x,$k-1$) の結果を使うが、それは直前のループですでに求めているはずだ。同じ計算を何度もするのは無駄だから、この結果を覚えておこう。このように改善したものが以下のプログラムだ。

```
def maxSumRange(x):
  m = 0
  ms = ita.array.make1d(len(x))    #結果を覚える表を用意
  for i in range(0, len(x)):
    ms[i] = ms_core(ms, x, i)    #表を順に埋めてゆく
    m = max(m, ms[i])
  return m

def ms_core(ms, x, k):
  if k == 0:
    return x[0]
  else:
    return max(x[k], ms[k - 1] + x[k])
```

このプログラムでは、再帰関数 *ms* の代わりに配列 *ms* を使う。配列 ms の k 番目の要素は、再帰関数 ms の引数を k として呼び出した結果を保存している。ms_core は再帰関数 ms の計算を配列 ms を用いて行う。違いはそれだけだ。先ほどのプログラムとよく比べてほしい。今度のプログラムは、ms_core の計算量が $O(1)$ なので、全体の計算量は $O(n)$ だ。これなら大きな入力に対してもなんとかなりそうだ。

11.3　動的計画法とメモ化

私たちは maxRangeSum を以下のアプローチに従って改善した。

1. 問題の解がどのような性質を満たすかを漸化式で記述

2. 漸化式を再帰関数で実現

3. 無駄な計算を避けるよう、過去の計算結果を記憶

以上のようなアプローチを一般に <u>動的計画法</u> と呼ぶ。動的計画法をうまく使うには、上記 3 ステップを適切に行うことが重要だ。

まずは漸化式を立てる。この漸化式は無駄な計算を可能な限り避けるものとなっていてほしい。特に、可能性を安易に全列挙するようなものは極力避け、より小さな問題の解から大きな問題の解を直接作るようなものであることが望ましい。最大要素和問題の場合、$ms(k)$ が $ms(k-1)$ から直接求まっていたことを思い出そう。

次に再帰関数を作成する。この部分はほとんど機械的だが、どの値の結果からどの値の結果を求めてゆけばよいのかには気をつけておこう。たとえば ms であれば、$ms(0)$ の結果が既知で $ms(k)$ が $ms(k-1)$ から求まるため、小さな値から大きな値を求めてゆけばよいことがわかる。が、漸化式によっては大きな値から小さな値を求めるほうが適切な場合もある。

最後のステップ（このステップを特に <u>メモ化</u> と呼ぶ）もほとんど機械的だ。再帰関数を何度も呼び出すのを避け、一度計算した結果を配列等に保存しておけばよい。ただし、再帰関数がどのような値から順に求めているかには注意しよう。ms であれば、小さな値から順に求めているため、その順に配列を埋めるループを作ればよかった。

なお、7.3 節においてパスカルの三角形を使って組合せ数を計算した方法も動的計画法の考え方に基づいている。

11.4 2 種類のゲノムの共通部分を探す

ゲノム解析の問題をもう 1 つ考えよう。2 種類のゲノムがあり、これらがどれぐらい似通っているかを調べたい。似ているかの判断には「共通部分がどれくらいあるか」を基準とすることにしよう。具体的には、2 つのゲノムから塩基を取り除いてゆき、両者が一致したときの長さを調べる。たとえば、

<u>GTA</u>AU<u>T</u>A<u>GU</u>T<u>AT</u>
U<u>AGTA</u>　<u>T</u>　<u>GU</u>　<u>AT</u>T

図 11.1　GTAAUTAGUTAT と UAGTATGUATT の共通部分

GTAAUTAGUTAT と UAGTATGUATT であれば GTATGUAT は共通部分の1つだ（図 11.1）。2つのゲノムにはいろいろな共通部分がありうるが、その中で最長のものを見つけるのが目標だ。

　この問題に対しても動的計画法を用いよう。まずは漸化式を立てる。ゲノム x とゲノム y が与えられたとき、x の先頭 n 文字と y の先頭 m 文字の最長の共通部分の長さ $lcs(n,m)$ は以下の漸化式を満たす。

$$lcs(0,m) = 0$$
$$lcs(n,0) = 0$$
$$lcs(n,m) = \begin{cases} \max\{lcs(n-1,m-1)+1, lcs(n-1,m), lcs(n,m-1)\} \\ (x[n-1]=y[m-1] \text{ の場合}) \\ \max\{lcs(n-1,m), lcs(n,m-1)\} \\ (x[n-1]\neq y[m-1] \text{ の場合}) \end{cases}$$

行うべき処理は $x[n-1]$ と $y[m-1]$ が同じ塩基であるかに依存する。異なる塩基だった場合、どちらかの塩基を取り除くしかない。$x[n-1]$ を取り除いたときの最長共通部分が $lcs(n-1,m)$、$y[m-1]$ を取り除いたときの最長共通部分が $lcs(n,m-1)$ だ。一方、一致している場合は、ここを共通部分として抽出することもできる。その場合、両者以前の共通部分 $lcs(n-1,m-1)$ より1つ長い共通部分が得られる。

　次に再帰関数として実装しよう。

11.4. 2種類のゲノムの共通部分を探す

```
def commonDNA(x, y):
  return lcs(x, y, len(x), len(y))

def lcs(x, y, n, m):
  if n == 0 or m == 0:
      return 0
  else:
    r = max(lcs(x, y, n - 1, m), lcs(x, y, n, m - 1))
    if x[n - 1] == y[m - 1]:
      r = max(r, lcs(x, y, n - 1, m - 1) + 1)
    return r
```

注意点は、x[n - 1] と y[m - 1] が一致する場合には可能性が増えることだ。これを if 文を使って適切に扱えていることがわかるだろう。

最後に効率をメモ化で改善しよう。再帰関数 lcs は引数の値が小さな方から順に答えを求めるため、これをふまえたループを作ればよい。

```
def commonDNA(x, y):
  n = len(x)
  m = len(y)
  lcs = ita.array.make2d(n + 1, m + 1)
  for i in range(0, n + 1):
    for j in range(0, m + 1):
      lcs[i][j] = lcs_core(lcs, x, y, i, j)
  return lcs[n][m]

def lcs_core(lcs, x, y, n, m):
  if n == 0 or m == 0:
      return 0
  else:
    r = max(lcs[n - 1][m], lcs[n][m - 1])
    if x[n - 1] == y[m - 1]:
      r = max(r, lcs[n - 1][m - 1] + 1)
    return r
```

このプログラムの計算量は、2 つのゲノムの長さをそれぞれ n、m として $O(nm)$ だ。長大なゲノムを扱うには少々心もとないが、2 つのゲノム対象にした複雑な解析をしていることを考えれば仕方ない程度だろう。

練習問題

練習問題 11.1. 非負の整数 $a_0, a_1, \ldots, a_n$ が与えられたとき、これらのいくつかの総和が 100 になることがあるかどうかを知りたい。$a_0, a_1, \ldots, a_i$ を用いて総和が m にできるか否かを $S(i, m)$ とすると、これは以下の漸化式を満たす。

$$
\begin{array}{rcl}
S(0, m) & = & m = 0 \text{ または } m = a_0 \\
S(i, m) & = & S(i-1, m) \text{ または } S(i-1, m - a_i) \quad (i > 0, m \geq a_i) \\
S(i, m) & = & S(i-1, m) \quad (i > 0, m < a_i)
\end{array}
$$

この漸化式をもとに、$S(n, 100)$ を動的計画法アルゴリズムで求めることで、総和が 100 になるかどうかを調べる関数 ex12_1 を作成せよ。以下は配列 a として $a_0, a_1, \ldots, a_9$ が与えられたときの実行例である。

```
> a = [8, 5, 30, 2, 40, 10, 0, 30, 7, 90, 4]
> ex12_1(a)
True
```

練習問題 11.2. 期末試験に際しての勉強のスケジュールを考えている。これから毎日 1 科目ずつ試験があり、体力的な事情から連続する 2 日の科目を両方勉強することはできないとして、総得点を最大にする方法を求めたい。

いま、i 日目の科目を勉強した場合、勉強しなかった場合に比べ a_i 点の加点が予想されるとする。i 日目までの予想総加点の最大値を $T(i)$ とすると、$T(i)$ は以下の漸化式を満たす。ただし $i < 0$ について $T(i) = 0$ とする。

$$T(i) = \max\{T(i-1), T(i-2) + a_i\}$$

この漸化式をもとに、$T(i)$ を動的計画法アルゴリズムで求めることで、予想総加点を求める関数 ex12_2 を作成せよ。以下は各 a_i が配列 a として与えられたとき $T(10)$ を求める実行例である。

```
> a = [23, 12, 8, 31, 15, 11, 40, 3, 19, 11]
> ex12_2(a, 10)
113
```

練習問題 11.3. 駅 $s_0, s_1, \ldots$ がこの順に 1 列に並んだ鉄道路線で駅 s_0 から駅 s_n までできるだけ安い運賃で移動したい。この路線では駅 s_i から駅 s_j までの移動には $cost(i, j)$ 円の運賃がかかる（$cost(i, j) \geq 0$ かつ $cost(i, i) = 0$ であるとする）。運賃の計算方法はやや複雑で、わざわざ複数枚の切符を使う方が 1 枚の切符を買うより安い場合がある。たとえば、駅 s_i から駅 s_k を経由して駅 s_j へ向かうとき、$cost(i, j) > cost(i, k) + cost(k, j)$ であれば、s_i から s_k までと s_k から s_j までの 2 枚

の切符を買う方が安くなる。なお，逆方向の列車に乗るような経路は考えないものとする。

いま，s_0 から s_i まで移動する際の最安運賃を $C(i)$ とする。$C(i)$ は以下の漸化式を満たす。

$$C(0) = 0$$
$$C(i) = \min_{0 \leq j \leq i-1}(C(j) + cost(j, i)) \qquad (i > 0)$$

この漸化式をもとに、$C(n)$ を動的計画法アルゴリズムで求めることで、最安運賃を求める関数 ex12_3 を作成せよ。以下は、cost 関数を定義した上で $C(10)$ を求める実行例である。

```
> def cost(i,j):
    return max(100 + 20 * (j - i), 20 * (j - i) ** 2)
> ex12_3(cost, 10)
640
```

練習問題 11.4. A さんは現在金貨を 5 枚を持っており、これからあるゲームを繰り返し行う。1 回のゲームで勝てば金貨を 1 枚もらえ、負ければ 1 枚失う。金貨が 0 枚または 10 枚になった時点で繰返しを終了する。

A さんが 1 回のゲームで勝つ確率を p、負ける確率を q とする（$p + q = 1$）。A さんが第 t 回目のゲームを行い（つまり t 回目より前に金貨が 0 枚ないし 10 枚になった場合は含まない）、そのゲームの終了時に金貨が a 枚になる確率を $P(t; a)$ と書く（開始時は $t = 0$ とする）。このとき、$P(t; a)$ は以下の漸化式を満たす。

$$\begin{aligned}
P(0; 5) &= 1 \\
P(0; a) &= 0 & (a \neq 5) \\
P(t; a) &= q \cdot P(t-1; a+1) & (t > 0, 0 \leq a \leq 1) \\
P(t; a) &= p \cdot P(t-1; a-1) + q \cdot P(t-1; a+1) & (t > 0, 2 \leq a \leq 8) \\
P(t; a) &= p \cdot P(t-1; a-1) & (t > 0, 9 \leq a \leq 10)
\end{aligned}$$

この漸化式をもとに、$P(t; a)$ を動的計画法アルゴリズムで求める関数 ex12_4 を作成せよ。ex12_4 は p、q、t、a をこの順に引数に取るとする。以下は $p = 0.6$、$q = 0.4$ のとき $P(9; 10)$ を求める実行例である。

```
> ex12_4(0.6, 0.4, 9, 10)
0.08957951999999998
```

第 12 章

データを分類する

　第9章ではデータから傾向を読み取るという題材を扱った。傾向を読み取るためにはデータが一定の性質を持っていなければならない。しかし実際のデータはさまざまなものが混ざっていることが多く、全体としては一定の性質がないかもしれない。たとえば、あるコンビニエンスストアが、どのような属性（たとえば性別や年齢）の顧客がどのような商品を買う傾向があるか調べたいとしよう。このとき、もしそのコンビニエンスストアの主要な顧客に「近くの職場に務める会社員」と「近隣の住民」が混在していた場合、これらをまとめて分析するのは得策ではないだろう。会社員が買うのは主に昼食や飲み物などだろうし、近隣住民が買うのは食材や日用品が多いだろう。これら購入傾向の異なる顧客を一緒くたにして分析しようとすると、各顧客グループ内では何らかの傾向が明確にあったとしても、全体としてはそのような傾向が見いだせないかもしれない。

　ここでは「会社員」と「住民」という2つのグループがあるという前提で議論をしたが、実際にはどのようなグループがあるか事前にわかっていないことが多い。他にも「学生」のようなグループがあるかもしれないし、年齢や性別によって分類する方が適切かもしれない。事前に基準を決めるのではなく、アルゴリズムが先入観なしに適切にグループ分けをしてくれれば、こちらが思いもしないようなグループを見つけ出せるかもしれない。

　このように、事前にどのようなグループがあるかわからないときに、データだけから似ているものごとにグループ分けする方法を**クラスタリング**と呼ぶ。本章ではクラスタリングの方法を考えてゆこう。

12.1 クラスタリング

データをグループ分けするといってもさまざまな考え方がありうる。まずは私たちの問題設定を明確にしよう。

まず、データ中の各要素はその属性を並べたベクトル $X = (x_1, x_2, \ldots x_n)$ であるとしよう。属性が具体的に何であるかは分析したいデータによるが、議論を簡単にするために数値であるとしておこう。普通は数値だとはみなされないような属性も適当に数値で表現する。たとえば性別であれば、男性なら 1、女性なら 0 といったような表現になるだろうか。こうすることで、各要素は n 次元空間中の点として捉えることができる（図 12.1）。

グループ分けは似ている要素を 1 つにまとめることで行われる。そのためには「似ているかどうか」を判断できる必要がある。これに関しては、各要素間の <u>距離</u> を定める関数 $d(X, Y)$ が与えられているものとしよう。各要素は数値の列なので、標準的な距離（たとえば n 次元空間でのユークリッド距離）を用いることもできるが、そうでなくてもよい。データの性質に応じて、たとえば性別の差は収入何万円の差に相当するか等をふまえ、決めることが普

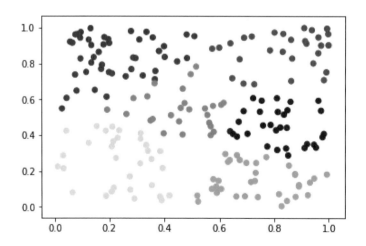

図 **12.1** クラスタリングの結果。各要素を 6 グループに分類している。

通だ[1]。

　距離によって「似ている要素」が決まったら、次はどのようなグループ分けが得られれば望ましいかを決める。直感的には「似ている要素は同じグループに、似ていない要素は異なるグループに」ということになるが、少し緻密に考えないと意味のある結果は得られない。たとえば、似ていない要素が同じグループになることを忌避しすぎると、各要素をすべて別のグループにする（こうすれば似ていない要素は絶対に同じグループ中にならない）ことが最善となってしまう。逆に、似ている要素が同じグループになることを求めすぎると、今度はすべての要素を同じグループにすることが最善となってしまう。意味のあるグループ分けをするためには、似ている要素が別のグループになることも、似ていない要素が同じグループになることも、ともにある程度許容しつつ、にもかかわらず適切にグループ分けをしなければならない。

　このジレンマを解消するため、ここでは作るグループの数（仮に k としよう）を予め決めることにしよう。グループ数が決まっていれば、すべての要素を別のグループにすることも同じグループにすることもできないため、とてつもなくおかしな結果にはならずにすみそうだ。

　以上をふまえて問題を精緻化しよう。入力データ $S = \{X_1, X_2, \ldots, X_n\}$ をグループ $S_1, S_2, \ldots, S_k$ に分割するのが目的だ。当然だが、各 S_i は S の一部分で、それぞれが共通部分を持たず、すべてを合わせると S に一致する必要がある。グループ分けが適切かどうかは以下の式で求まるペナルティで判断する。ただし $|S_i|$ はグループ S_i の要素数だ。

$$\sum_{i=1}^{k} \sum_{X \in S_i} d(X, center(S_i))^2 \quad \text{ただし } center(S_i) = \sum_{X \in S_i} \frac{X}{|S_i|}$$

ここで、$center(S_i)$ は S_i の重心であり、S_i のすべての要素の平均として定義される。各要素はそれが属するグループの重心からの距離によって決まるペナルティをもつ。より正確には各グループの分散がペナルティとなる。私たちの目的はこの分散の和を最小にするようなグループ分けを与えることだ。

---

[1] ただし何でもよいというわけでもなく、距離の標準的な性質、たとえば $d(X, X) = 0$、$d(X, Y) \geq 0$、$d(X, Y) = d(Y, X)$、$d(X, Y) + d(Y, Z) \geq d(X, Z)$ などを満たすのが望ましい。

なお、もしグループ数を k としなくてよいのであれば、すべての要素を別のグループにするグループ分けが分散の和を最小にする。そのため、グループ数の制約はこの問題設定では必須だ。

12.2 クラスタリングの単純なアルゴリズム

クラスタリングを行うためのアルゴリズムとしてはどんなものが考えられるだろうか。

まず最も単純なものは、あらゆるグループ分けをすべて試し、その中でペナルティが最も小さいものを求めるものだ。これは私たちが考えているクラスタリングの問題そのものであり、明らかに正しいアルゴリズムだ。しかし、これは現実的だろうか？ プログラムを書く前に計算量を見積もってみよう。要素数が n、グループ数が k だとすると、各要素が k グループのいずれに属するかによってグループ分けが決まるのだから、グループ分けの可能性としては k^n 通りある[2]。これらすべてのペナルティを計算し最小のものを見つけるのは現実的だろうか？ 表7.1を思い出してほしい。たとえグループ数 $k = 2$ だとしても、要素数 n が50あたりになってくると、このアプローチで答えを求めるのは不可能だ。グループ数がもっと多ければ、要素数がもっと少なくてもだめだ。要するに、このアプローチである程度以上の規模の問題を解くのはまったく無謀と言ってよい。

それでは、7.8節で考えたモンテカルロ法はどうだろうか？ ランダムにグループ分けをたくさん作り、その中で最もペナルティが小さかったものを採用するのだ。モンテカルロ法はすべてのグループ分けを列挙するアプローチに比べ、現実的な時間でとにかく何らかのグループ分けが得られる点で優れている。しかし、実行するたびに結果が違うことをふまえても、「まっとうな」グループ分けが得られるかどうかはかなり疑わしい。なぜなら、すべてのグループ分けの中で、常識的な意味で「まっとうな」グループ分けはごくわずかだからだ。例として $a_0 < a_1 < \cdots < a_{n-1}$ を座標とする n 点が1列に並んだ

---

[2] 実際には、すべてのグループに最低1要素なければならない等の制約により、可能なグループ分けはこれよりだいぶ少ない。とはいえ k^n に比例する程度の膨大な数であることに変わりはない。

状況を 2 グループに分けることを考えよう。このとき、「まっとうな」グループ分けは、この途中に仕切りを入れ、$\{a_0, a_1, \ldots, a_{k-1}\}$, $\{a_k, a_{k+1}, \ldots, a_{n-1}\}$ と分けるものだろう。それ以外の「飛び地」ができてしまうような分け方はどう考えても変だ。しかし、すべてのグループ分けが 2^n 通りあるのに対し、まっとうなグループ分けは n 通りほどしかない。$n = 10$ でも 1%未満、$n = 20$ なら 0.002% 未満、n が大きくなればもっと少なくなってしまう。そのため、単にランダムにグループ分けを生成するだけではよいグループ分けにはまずたどり着けない。

12.3　k-means 法

よいグループ分けを求める比較的単純なアルゴリズムとして k-**means 法**というものがある。このアルゴリズムでは、グループから重心を求めるのではなく、重心からグループを構成し、よりよい重心の位置を探る。具体的には以下を繰り返し、重心をより適切な位置に動かしてゆく。最初は適当に選んだ重心から始め、最終的に重心が変化しなくなったら終了する。

1. 各グループに対し、そのグループの重心を計算する。
2. 各要素を最も近い重心に割り当てることで、新しいグループ分けを求める。

k-means 法の 1 つのポイントは、闇雲にグループ分けを作るのではなく、現在のグループ分けをもとに「より良さそうな」グループ分けを作ろうとする点にある。最初は適当に選んだ重心から始めるので、よいグループ分けではないかもしれないが、グループ分けを作り直すたびに徐々により小さなペナルティのグループ分けになってゆく。これにより、現実的な時間でまともなグループ分けが得られると期待している。

それでは k-means 法のプログラムを作ろう。各要素は配列で表し、グループは配列の配列で表すことにする。前提として距離を求める関数 d は与えられているものとする。

プログラム全体を一度に組み上げるのは大変なので、モジュール化を行おう。k-means 法はいくつかの部品からなっているとみなすことができる。

- 最も近い重心をもつグループを求める。
- 各グループの重心を求める。
- 重心が変化しているかを確認する。

先にこれらを準備する。

まず、各要素から見て最も近い重心のグループを求める関数 nearest を作る。特に難しいところはない。なお、これを動作させるには、距離を定める関数 d(x, y) も併せてプログラムする必要がある。どのような距離関数が適切かはデータによるため、ここでは具体的なプログラムは示さない。ちなみに、図 12.1 の実行例ではユークリッド距離（練習問題 4.4）を用いている。

```
def nearest(centers, x):  #最も重心の近いグループを求める
  n = 0   #最も重心の近いグループの候補
  for i in range(1, len(centers)):
    if d(centers[n], x) > d(centers[i], x):
      n = i
  return n
```

次に、各グループの重心を求める関数 center を与える。これも難しいところはない。

```
import ita
def center(s):   #s の重心を求める
  m = len(s)      #s の要素数
  l = len(s[0])   #各要素に含まれる属性数
  center = ita.array.make1d(l)   #結果格納用
  for i in range(0, m):
    for j in range(0, l):
      center[j] = center[j] + s[i][j] / m
  return center
```

さらに、重心が変化しているかを調べる関数 isChanged を作る。単純に等しいかどうかを確認すればよいように思うかもしれないが、これはやや危険だ。浮動小数点数には計算誤差があるのだから「等しい」かどうかは基本的には精度良く調べられない[3]。そのため値の差が十分小さければ「等しい」と判断することにしよう。

---

[3] 実際には、同じ浮動小数点数に対し同じ計算を行った結果は一致するので、k-means 法では

```
def isChanged(c1, c2):    #重心を比較する
  for i in range(0, len(c1)):
    for j in range(0, len(c1[i])):
      if abs(c1[i][j] - c2[i][j]) > 0.00001:
        #要素iの属性jの値には無視できないほど差がある
        return True
  return False
```

それでは k-means 法の本体プログラムを作る。

```
def kmeans(s, k):    #k-means 法
  n = len(s)       #s の要素数
  centers = s[0 : k]  #重心の初期値。仮に先頭 k 要素とする。
  changed = True   #重心が変化したか否かを保持する変数
  while changed:
    groups = [[] for i in range(0,k)]  #グループの雛形
    for i in range(0, n):
      groups[nearest(centers, s[i])].append(s[i])
      #最も重心の近いグループに追加
    newcenters = [center(groups[i]) for i in range(0, k)]
    newcenters.sort()
      #新しい重心を計算。changed の計算のために整列しておく。
    changed = isChanged(newcenters, centers)  #重心は同じ？
    centers = newcenters #重心を更新
  return groups
```

今まで作ってきたプログラムを組み合わせれば、それほど難しいものではない。まず初期重心を適当に選び、あとは最も重心の近いグループに割り当てて重心を更新することを繰り返しているだけだ。生成した重心は整列しておく。これにより、前回と同じ重心なのだが順番が違う、といった事態を避けることができる[4]。

それでは実際に動かしてみよう。得られたグループ分け結果は、ita ライブラリの ita.plot.plot_clusters 関数を使うことで図 12.1 のように可視

この問題は深刻ではない。重心が（ほぼ）同一だった場合、グループ分けが一致するため、再計算された重心も原理的には直前のものとまったく同一になるはずだ。しかし、浮動小数点数が等しいかどうかを調べるのは避ける習慣をもっておいたほうが安全だ。

[4] なお、同じ重心のとき同じになりさえすればよいので、どのような順序を用いて整列するかは重要ではない

化できる。入力データはたとえば2次元平面上にランダムに要素を配置することにしよう。

```
> data = ita.array.make2d(200, 2, random=True)
> res = kmeans(data, 6)
> ita.plot.plot_clusters(res)
```

また、途中経過を表示したければ、kmeans 関数の newcenters の計算の直前に「ita.plot.plot_clusters(groups)」を挿入すればよい。グループ分けが改善してゆく過程が見て取れると思う。

出来上がったプログラムの計算量はどのくらいだろうか。もちろん要素数だけではなく重心の更新を何回行うかによる。仮に要素数を m、重心の更新回数を n とし、各要素の属性数を l としよう。また、距離関数 d の計算量は $O(l)$ だと仮定しよう。このとき、1回の重心更新で最も時間がかかるのは全要素に nearest を計算するところで、nearest の計算量は明らかに $O(kl)$ なので、重心更新の計算量は $O(klm)$ となる。ということは全体の計算量は $O(klmn)$ となる。非常に速いわけではないが、k^n に比べれば格段によい。

12.4　k-means 法の初期値依存性

私たちが作った k-means 法のプログラムは正しくクラスタリングを行うのだろうか。この疑問は自然なものだが、実のところ少々複雑な問題をはらんでいる。

非常に簡単な例として、$\{3,3,5,6,7\}$ という数値5つからなるデータを2つのグループに分けることを考えよう。自然なグループ分けは $\{3,3\}$ と $\{5,6,7\}$ に分けるもので、実際このグループ分けが最適、つまり分散の和を最小にする。k-means 法でこのグループ分けが求まるだろうか？　k-means 法を行うためには重心の初期値を決めなければならない。初期値として3と6を選べば、問題なく最適なグループ分けが求まる。しかし、初期値として何が選ばれるかは要素の並び順による。初期値が3と7だった場合はどうなるだろうか？　この場合、5は3と7のどちらからも等距離なのでどちらのグループに属するかはよくわからない。場合によっては、$\{3,3,5\}$ と $\{6,7\}$ というグ

ループ分けになることもありうるだろう。これは最善のグループ分けではない。新しい重心で再度グループ分けをすれば最善のグループ分けになるだろうか？　$\{3, 3, 5\}$ の重心は $11/3$、$\{6, 7\}$ の重心は 6.5 だ。5 は 6.5 より $11/3$ に近いので、グループ分けは変わらない。つまり、k-means 法は $\{3, 3, 5\}$ と $\{6, 7\}$ という最適でないグループ分けを出力してしまう！

```
> kmeans([[3], [6], [3], [5], [7]], 2) ⏎
[[[3], [3]], [[6], [5], [7]]]
> kmeans([[3], [7], [3], [5], [6]], 2) ⏎
[[[3], [3], [5]], [[7], [6]]]
```

わかったことが 2 つある。まず、k-means 法は重心の初期値によって異なる結果を返す。さらに、k-means 法の結果は必ずしも最適なグループ分けではない。こんなアルゴリズムでよいのだろうか？

このような状況になってしまっている理由の 1 つは、k-means 法が解こうとしている問題が極めて難しい問題だからだ。分散を最小にするグループ分けを求めるのは、専門的には **NP 困難** と呼ばれる種類の問題だ。NP 困難の正確な定義は本書の範囲を超えるが、大雑把に言うと、NP 困難な問題の正解を現実的な時間内で求めるアルゴリズムは存在しないと予想されている。ここで「現実的な時間」とは、入力の大きさの指数乗に比例する（またはもっと悪い）計算量ではない、という意味だ。表 7.1 からもわかるとおり、計算量が指数乗に比例する程度になってしまった場合、ごく小さな入力を除いて、結果を求めるには天文学的な時間がかかってしまう。しかもコンピュータの性能が上がったとしてもその状況は変わらない。要するに、最適なグループ分けを効率よく求めるアルゴリズムは、おそらく存在しない。

NP 困難な問題を解きたい場合には、正確な答えを求めることは諦めざるをえない。k-means 法もそうで、現実的な時間で答えを求める代わりに最適なグループ分けを求めることを諦めていると言っていい。最適ではなかったとしても、十分に適切なグループ分けとなっていれば実用上は問題ないので、これは適切な割り切りだと言えるだろう。

最適なグループ分けを求めないことを納得したとしても、初期値次第で結果が変わるのは気持ちが悪いかもしれない。この点は、k-means 法がモンテカルロ法の一種を行っていると考えればよいだろう。実際、初期値を乱数を

用いて決めるモンテカルロ法を用いてもアルゴリズム上はまったく問題がない。具体的には、kmeans 関数の冒頭部分を以下のように変更する。下線部分が変更点だ。

```
import random
def kmeans(s, k):      #k-means 法
  n = len(s)        #s の要素数
  centers = random.sample(s, k)
     #重心の初期値。ランダムに k 要素とる
  changed = True   #重心が変化したか否かを保持する変数
  while changed:
     # 以降は同じなので省略
```

ここでは、初期重心を random ライブラリの random.sample 関数を用いて選んでいる。random.sample 関数は配列等から指定された個数の要素をランダムに抽出する。

```
> data = [12, 3, -1, 6, 5, 1, 7, 9, 20] ⏎
> random.sample(data, 3) ⏎
[5, 1, 9]
> random.sample(data, 3) ⏎
[6, 3, -1]
> random.sample(data, 5) ⏎
[20, 6, 5, 3, -1]
> random.sample(data, 2) ⏎
[5, 7]
```

この変更を加えると、kmeans 関数の結果は実行するたびに変化するようになる。しかし、これは必ずしも欠点とも言えない。むしろ、何度も実行して最もよい結果を取る、といった方法で、運悪くよくない初期値を選び最適から程遠い結果になってしまうようなことを避けられるようになる。なお、これは「まともそうなグループ分けを乱数で多数生成する」アプローチなので、グループ分けを乱数で選ぶとまともではないグループ分けばかりたくさん生成してしまう、という問題も回避できている。

12.5　コンピュータの限界

　状況を再確認しよう。クラスタリングという問題については、正確な答え、つまり分散を最小化するグループ分けが常に求まると期待することはできない。これは k-means 法というアルゴリズムの性質ではなく、問題そのものの性質であることを強調しておく。そのため、クラスタリングを求めるあらゆる現実的なアルゴリズムは、正確な答えを求めない。むしろ、それを前提として、現実的な時間の範囲でどこまで正確な答えを求められるか、という点が主な課題となる。

　このような状況はクラスタリング特有のものではない。現実に私たちがコンピュータを使って解きたくなるような難しそうな問題は、その大部分が同様の状況だ[5]。むしろ、原則としてほとんどの問題について、コンピュータで正確に解くのは不可能だと言ってもいい。いかに最新の技術を使おうとも、いかに人間よりはるかに正答率が高かったとしても、コンピュータは原理的に**ときどき答えを間違える**のだ。これは、コンピュータは正確無比であるという印象を持っている人には驚きかもしれない。**コンピュータが間違えないのは手順であって答えではない**。コンピュータが正確に解ける問題、すなわち一定の手順をふめば必ず現実的な時間で正解にたどり着く問題、というのはそれほど多くはないのだ。

　このことは、コンピュータやソフトウェアの社会的な位置づけを理解する上で非常に需要である。たとえば、コンピュータに医者をさせるようなことを考えるとしよう。この医者は公平無私であろうし、また誤診断も人間よりはかなり少ないかもしれない。しかし、とはいえ 100%正確な診断をすることは期待しがたい。そのため、コンピュータ医者の誤診断の結果、患者が重篤な状況になってしまう可能性は絶対に考慮しておくべきだし、その場合についての社会的な合意や制度設計なしにコンピュータ医者を導入するのは危ういだろう。

---

[5] ただし、正解を求めるのが難しい問題ではなく、そもそも正解がない問題も多い。たとえば翻訳のような問題では、「正しくない翻訳」はあるものの「唯一無二の正解」は存在しない。以降で述べる医療の例も「正解が存在しない」と考えるべきかもしれない。とはいえ、現実的な時間内で「『正しくない』回答を絶対に避ける」こともほとんど不可能ではある。

付録 A

Python言語の簡易ガイド

　本章では、本書で扱う範囲の Python 言語について簡単な説明を行う。これはあくまで言語規則の説明なので、これを読めばプログラミングができるようになるというようなものではない。が、プログラムのエラーが取れないときなどには参考になる場合もあるだろう。

　これは網羅的な説明でも正確な説明でもない。詳細については Python のリファレンスマニュアル[1] を参照されたい。また、言語では複数の要素が相互に依存することが少なくない。文章上先に出てきたものが後に説明される要素に依存していることがある。注意して読み進めてほしい。

A.1　言語の基本的な構造

　Python のプログラムは基本的に文（statement）からなる。文の一部をなす重要な構成要素として式（expression）がある。式は評価結果として値を生むが、文は値を生まない。

　プログラムはその構造によって文や式に分解される。この分解に際しては改行とインデントが重要な役割を担う。

　特に許されている場合を除いて（たとえば for 文や if 文など）1つの文や式が改行をまたぐことはできない。改行を越えて文や式が続くことができるケースとしては、以下のものが挙げられる。

---

[1] Python ドキュメント：https://docs.python.jp/3/

- インデントによって複数の文が 1 つの **ブロック** をなす場合
- 式の途中に改行があり、改行より手前で開いた括弧が閉じていない場合
- 文末（つまり改行の直前）にバックスラッシュ記号「\」（環境によっては円マーク記号「¥」）がある場合

インデントは行頭に挿入される半角スペースまたはタブ記号[2]の列である。タブ記号がある場合、行頭からそこまでの半角スペースの数が 8 の倍数になるような、1 つ以上 8 つ以下の半角スペースとみなされる。たとえば、半角スペース 12 個の後にタブ記号があれば半角スペース 16 個とみなされる。インデントのスペース数は直前の行と比較され、その大小によってプログラムの構造を決定する。

「#」から行末まではコメントであり、その内容は一切無視される。

A.2 名前

変数名・関数名などの名前（**識別子**、identifier とも呼ばれる）は以下のルールに従った文字列である。まず 1 文字目は英文字またはアンダースコア「_」でなければならない。そして 2 文字目以降は英文字、アンダースコア、または数字でなければならない。大文字と小文字はすべて区別される。なお、ここでは簡単のため文字コードとして ASCII コードを用いることを前提にしているが、実際には Python は Unicode を用いて（たとえば日本語の文字を使って）名前をつけることができる。ASCII コードに含まれないが Unicode に含まれる記号については、記号ごとに名前に使えるかどうかの細かいルールがあるが、ここではふれない。

定義された名前が利用できる範囲、すなわち **スコープ** は関数によって定まる。関数 f の中である名前が定義されたとき、その名前は以下のように利用できる。

- f の内部では参照・更新ができる。

---

[2] 以下の説明はあくまでタブ記号についてである。少なくないエディタではタブキーを押してもタブ記号は挿入されない。

- f の外側では参照も更新もできない。

- f 内で定義された関数の内部では、参照はできるが更新はできない。

- f 内で定義された関数の内部で同じ名前を定義することは可能で、その場合には外の状況とは関係ない新しい名前として扱われる。

いくつかの名前は<u>キーワード</u>（予約語とも呼ばれる）であり、特殊な用途に使われるため、汎用の名前としては使うことができない。以下にキーワードを示す。

and, as, assert, break, class, continue, def, del, elif, else, except, False, finally, for, from, global, if, import, in, is, lambda, None, nonlocal, not, or, pass, raise, return, True, try, while, with, yield

A.3 文

以下のものは文である。

- 「式」はそれ自体文である。

- 「左辺 = 式」は代入文を表す。「左辺」としては変数、配列や辞書の添字参照（たとえば a[i]）などが許される。この文以降、「左辺」の値は「式」の値となる。このことを「『左辺』に『式の値』を代入した」と呼ぶ。

- 「return 式」で、「式」の値を返値として関数を終了させることができる。「式」は省略できる。その場合には返値は None となる。

- ある行から始まり、その行より深いインデントをもつ連続した行は<u>ブロック</u>をなす。ブロック内の文はそれ全体が 1 つの文とみなされ、上から順に実行される。また、複数の文をセミコロン（;）でつなげることでもブロックを構成できる。

- 「if 式: 文 1 else: 文 2」は条件文である。「式」の値が True のとき「文 1」が、False の場合「文 2」が実行される。「else: 文 2」は省略が可能で、また elif を用いて複数の条件を連ねることも可能である（4.7 節参照）。

- 「for 変数名 in 式: 文」は for 文である。「式」は値を順に生成しうるもの（たとえば range 関数や配列など）でなければならない。要素が生成され続ける限り、その要素が「変数名」に代入され「文」が実行される。

- 「while 式: 文」は while 文である。「式」の値が真である限り、「文」が繰り返し実行される。

- 「break」は break 文である。これはそれを囲む最も内側の for 文または while 文の繰返しを終了させる。

- 「import ライブラリ名」は import 文である。これにより、指定されたライブラリを読み込むことができる。

- 「def 関数名 (変数名リスト): 文」により、指定された名前の関数を定義できる。ここで「変数名リスト」とは、変数名がコンマ「,」で区切られつつ 0 個以上並んだものである。関数が呼ばれた際には、変数名リストに指定された変数それぞれにその関数の引数の値が代入された状態で「文」が実行される。

A.4 式

以下のものは式である。

- 「12」、「3.6」、「1.53e-6」、「[3, 4, 5]」、「"abcd"」など、値を直接書き下したものはリテラルと呼ばれる式である。

- 「式 1. 名前」は属性参照と呼ばれる式である。ここで「名前」は変数名または関数名である。この式の値は、原則として「式 1」の値がもつ

「名前」の値となる。「名前」が変数名であればその値は変数に代入された値である。「名前」が関数名であれば、その関数名をもつ関数が値となる。また、「名前」がライブラリ名であれば、そのライブラリ自身が値となる。なお、「式 1.」は省略でき、その場合にはトップレベルに関連付けられている変数・関数が参照される。

- 「式 1(式リスト)」は関数呼出し式である。ここで「式リスト」とは式がコンマ「,」で区切られつつ 0 個以上並んだものである。また「式 1」は関数を値にもつ属性参照でなければならない。その値は、「式 1」の値である関数を「式リスト」の値を引数として呼び出した結果の返値である。

- 「2 + 5」などの算術式、「3.2 <= 4.6」などの比較式などの演算も式である。記法は「式 1 演算子 式 2」であったり (2 項演算)、「演算子 式」(単項演算) であったりする。代表的な記号は表 2.1、表 4.1、表 4.2 を参照されたい。

- 括弧付された式「(式)」は演算の順番の制御に用いられる。

- 「式 1[式 2]」は添字参照式である。「式 1」は配列・文字列・辞書等を表さなければならない。その値は、「式 1」で指定される構造の「式 2」で指定される要素である。

- 「式 1[式 2 : 式 3]」はスライス式である。式 1 は配列・文字列等を表さなければならない。その値は、「式 1」で指定される構造と同じ型の新しい構造である。その構造の要素は、「式 1」で指定される構造の、「式 2」で指定される要素から「式 3」で指定される要素の手前の要素までである。

- 「[式 1 for 名前 in 式 2 if 式 3]」は内包表記と呼ばれる。「式 2」は値を順に生成しうるものでなければならない。その値を順に「名前」に代入し、「式 3」が真となる場合に「式 1」を評価して得られる値を順に並べた配列が、この式全体の値である。「if 式 3」は省略でき、その場合には真かどうかの検査は行われずすべての値が配列の要素となる。

また、`for` をネストさせることもでき、その場合は 2 重の `for` 文と同様の処理を行う。

A.5 基本的な値と型

基本的な値としては、整数、実数、配列、`None`、文字列などがある。真偽値は整数の一部であり、`True` は整数としては 1、`False` は整数としては 0 である。すべての値が何らかの型に属する。値の型は `type` 関数で得ることができる。

原則としてすべての値は `if` 文などでは真として扱われる。偽として扱われる例外的な値は、`False`、`None`、0、0.0 などである。

多くの演算において、整数と実数を引数に混在させた場合、整数は自動的に実数に変換される。

文字列はダブルクォート (")またはシングルクォート (')で挟まれたリテラルとして生成できる。ダブルクォートで始まるリテラルにはシングルクォートを、またシングルクォートで始まるリテラルにはダブルクォートを、それぞれ埋め込むことができる。また改行を表す \n など、エスケープシーケンスと呼ばれる記法で特殊な文字を埋め込むことができる。

A.6 ライブラリ

<u>ライブラリ</u>（モジュールまたはパッケージとも呼ばれる）は、事前に準備した定数（定義済みの変数）、関数、ライブラリ等を提供する。ライブラリは `import` 文によって読み込むことができ、読み込まれたライブラリ中の名前は「ライブラリ名. 名前」という形で参照できる。なお、ライブラリが再帰的にライブラリの参照をもたらすこともある。その場合、「ライブラリ名.」の部分が複数並ぶことになる。

まったくライブラリを読み込んでいない状態で利用できる定数（たとえば `True`）や関数（たとえば `print`）を <u>組込み</u> 定数・関数と呼ぶ。これらは「ライブラリ名.」をつけずに「名前」のみで参照できる。プログラム中で定義し

表 A.1　本書に現れる主要なライブラリ関数・定数

ライブラリ	関数	動作
組込み	$\text{print}(x_1, x_2, \ldots)$	各 x_i を順に画面に出力する
組込み	$\text{round}(x)$	x の小数点以下を四捨五入した整数
組込み	$\max(x,y)$	x と y の大きい方の値
組込み	$\text{len}(x)$	配列 x の長さ
組込み	$\text{range}(x, y)$	x から $y-1$ までの要素からなる列
組込み	$\text{type}(x)$	x の型
組込み	$x.\text{append}(y)$	配列 x の末尾に y を要素として追加
組込み	$x \text{ in } y$	x が y の要素であるか判定する
組込み	$x.\text{sort}()$	x を整列する
組込み	$\text{sorted}(x)$	x を整列して得られる配列
math	pi	円周率 π の定数
math	$\sin(x)$	正弦関数
math	$\cos(x)$	余弦関数
math	$\gcd(x, y)$	x と y の最大公約数
math	$\log(x)$	x の e を底とした自然対数
copy	$\text{copy}(x)$	x の浅いコピー
copy	$\text{deepcopy}(x)$	x の深いコピー
random	$\text{randrange}(x, y)$	x 以上 y 未満の整数を生む疑似乱数
random	$\text{random}()$	0 以上 1 未満の小数を生む疑似乱数
random	$\text{sample}(x, k)$	配列 x から k 要素をランダムに抽出

た関数や変数も同様に参照できる．これらをライブラリ由来の名前と区別するために，トップレベルと呼ぶことがある．

本書に現れる主な関数・定数を表 A.1 に示す．詳細については Python のライブラリリファレンス[3] を参照されたい．また ita ライブラリについては付録 B で紹介する．

A.7　エラーと例外

実行時エラー（ゼロ除算や未初期化変数の参照など，構文エラー以外のエラー）が起こると，標準的な実行フローが中断され，**例外**（exception）が送出される．つまり，「エラー」と私たちが普段呼んでいるものの多くは，Python では「例外」の 1 つである．例外はプログラム中で意図的に送出することもでき，またそれをプログラム中で処理することにより標準的な実行フローに戻

---
[3] Python 標準ライブラリ：https://docs.python.jp/3/library/

ることもできるが、その説明は本書の範囲を超える。例外が処理されなかった場合にはインタプリタの動作が停止し、エラーメッセージが表示される。表 2.2 は例外の代表的なものを示している。

付録 B

itaライブラリガイド

本書を通して ita ライブラリを使用している。本章ではこの内容についてまとめておく。

B.1 練習問題の解答確認プログラム excheck

本書の練習問題は、ita ライブラリの `ita.excheck.excheck` 関数によって正しさを確認できる。これを利用するには、問題の解答を適切な名前の関数として定義し、それを `ita.excheck.excheck` 関数の引数とすればよい。

```
> def ex3_3 #以下解答を作成... ⏎
> ita.excheck.excheck(ex3_3) ⏎
ex3_3 passed the check
```

ただし、`ita.excheck.excheck` 関数には以下の制限がある。

- すべての練習問題に対して使えるわけではない。利用できるのは関数を定義する問題だけである。

- いくつかの入力について正しい出力を返すかテストするだけのものである。そのため、正しくないプログラムを正しいと判定する可能性がある。

- モンテカルロ法を用いるプログラムについては、正しいプログラムであっても間違っていると判断してしまう場合がある。

付録 B　ita ライブラリガイド

表 B.1　ita ライブラリ関数

関数	動作
`ita.lifegame_glider()`	ライフゲームのグライダー
`ita.lifegame_acorn()`	ライフゲームのドングリ
`ita.gen_hw_data()`	身長体重をイメージしたデータを出力
`ita.gen_spring_data()`	バネの重みと伸びのようなデータを出力
`ita.array.make1d(`x`)`	長さ x の 1 次元配列を出力
`ita.array.make2d(`x`, `y`)`	$x \times y$ の 2 次元配列を出力
`ita.array.make3d(`x`, `y`, `z`)`	$x \times y \times z$ の 3 次元配列を出力
`ita.bench.bench(`f`, `x`)`	関数 f を x の各要素を引数として実行
`ita.bench.plot(`x`)`	`ita.bench.bench` の結果をプロット
`ita.plot.animation_show(`x`)`	画像列 x をアニメーション表示
`ita.plot.image_show(`x`)`	x を白黒ないしカラー画像として表示
`ita.plot.linear_fit(`x`)`	データ列 x に対し最小 2 乗近似を行う
`ita.plot.plot_clusters(`x`)`	x をクラスタリング結果としてプロット
`ita.plot.plotdata(`x`)`	配列 x の要素を順にプロット
`ita.excheck.excheck(`f`)`	関数 f の正しさを確認

- アルゴリズムや計算量について指定がある問題でも、どのアルゴリズムを使っているか・どのような計算量のプログラムになっているかは調べない。

要するに、ごく簡易的な確認しかしない。このことを意識しつつ利用してほしい。

B.2　ita ライブラリ関数の詳細

まず表 B.1 に ita の関数の一覧を示す。以下いくつかの関数について追加の説明を行う。

`ita.array.make1d, ita.array.make2d, ita.array.make3d`

これら関数は `value` および `random` をキーワードとするキーワード引数をとる。「`value=`c」が指定された場合、全要素が c の配列を生成する。`value` が指定されなかった場合、その値は 0 である。「`random=True`」が指定された場合、全要素が `random.random()` によって生成される。またこの場合、`value`

の指定は無視される。random が指定されなかった場合、その値は False である

ita.bench.bench

この関数は measure および count をキーワードとするキーワード引数をとる。measure が指定されなかった場合、x 軸の値としては各入力値 x_i がそのまま使われるが、「measure=g」として関数 g が指定された場合、x 軸の値は $g(x_i)$ となる。「count=n」が指定された場合、n 回の実行時間の平均を求める。count が指定されなかった場合、その値は 1 である。

ita.bench.plot

この関数は xlogscale および ylogscale をキーワードとするキーワード引数をとる。「xlogscale=True」が指定された場合には x 軸が対数目盛りとなり、「ylogscale=True」が指定された場合には y 軸が対数目盛りとなる。両者とも、指定されなかった場合の値は False である。

ita.plot.animation_show, ita.plot.image_show

image_show 関数は、2 次元配列が与えられた場合には、1 を白、0 を黒とするグレースケール画像として描画する。3 次元配列が与えられた場合には、最内の配列の 0 番目を赤、1 番目を緑、2 番目を青の明るさ（いずれも 0 に近いほど暗く 1 に近いほど明るい）とするカラー画像として描画する。animation_show 関数は、image_show 関数が表示できる画像データの配列、すなわち 3 次元配列ないし 4 次元配列を入力とし、これを先頭画像から順にアニメーション表示する。

表 B.2　itaライブラリ関数の実現方法

関数	実現方法
`ita.array.make1d`	内包表記（5.6 節参照）
`ita.array.make2d`	内包表記（5.6 節参照）
`ita.array.make3d`	内包表記（5.6 節参照）
`ita.bench.bench`	`time.time` による実行時間計測
`ita.bench.plot`	`matplotlib.pyplot.plot`
`ita.plot.animation_show`	`matplotlib.animation.ArtistAnimation`
`ita.plot.image_show`	`matplotlib.pyplot.table.imshow`
`ita.plot.linear_fit`	`numpy.polyfit`
`ita.plot.plot_clusters`	`matplotlib.cm.hsv` による色指定と `matplotlib.pyplot.scatter`
`ita.plot.plotdata`	`matplotlib.pyplot.scatter` と `matplotlib.pyplot.plot`

`ita.plot.plotdata`

　この関数は 1 次元配列が与えられた場合には、x 座標をその要素の配列中の順番、y 座標をその要素値として 2 次元平面にプロットする。2 次元配列が与えられた場合には、これを配列の集合と解釈し、各配列の 0 番目の要素を x 座標、1 番目の要素を y 座標として 2 次元平面にプロットする。3 次元配列が与えられた場合には `ita.plot.plot_clusters` を呼び出す。

　また、この関数は `line` をキーワードとするキーワード引数をとる。「`line=True`」が指定された場合、各要素は直線でつながれる。指定されなかった場合の値は `False` であり、各要素は点としてプロットされる。

B.3　itaライブラリの実現

　ita ライブラリのほとんどは既存のライブラリの機能を単に使いやすくしたものにすぎない。そのため、ita ライブラリなしでも既存のライブラリで同等のことができる。むしろ、既存のライブラリのほうが多機能なので、本書の内容を超えるようなプログラムを書きたい際には便利だ。

　表 B.2 に ita ライブラリの関数群が既存のどのような機能を用いて実現されているかを示す。詳細は ita ライブラリ自身のプログラムと参照している機能のマニュアルを参照してほしい。

索引

[あ行]

浅いコピー　82
アルゴリズム　120
安定　182
if 文　50
インタプリタ　4
インデント　31
n-gram　155
NP 困難　208
エラー　20
O 記法　121
オーバーライド　100
オブジェクト　97
　　――指向　46, 97
オペレーティングシステム　3

[か行]

回帰分析　160
開発環境　8
返値　28
可視化　44, 73
型　60
関数　27
　　――定義　27
　　――呼出し　28

キーワード　22, 28, 213
　　――引数　149, 154
機械語　4
擬似乱数　130
境界条件　179
距離　201
空間計算量　151
組込み　216
　　――ライブラリ　32
クラス　100
クラスタリング　200
計算誤差　15
計算量　121
継承　100
k-means 法　204
桁落ち　171
言語処理系　4
コーナーケース　44, 103
誤差　15, 47, 168
コメント　20
コンパイラ　4
コンピュータアーキテクチャ　3

[さ行]

再帰　115
　　――関数　116

最小 2 乗線形回帰分析　161
サブクラス　100
差分化　88
時間計算量　151
式　211
識別子　212
自然言語　3
情報落ち　172
初期値　179
真偽値　53
スーパークラス　100
スコープ　34, 212
説明変数　161
漸近計算量　121
線形探索　136

[た行]

対話モード　11
多次元配列　74
テイラー (Taylor) 展開　184
テスト　43
デバッグ　103
動的計画法　195

[な行]

内包表記　80
2 次元配列　56, 69
二分探索　138

[は行]

配列　39
バグ　103
p 値　108

引数　28
ピボット　164
不安定　182
for 文　41
深いコピー　82
浮動小数点数　15, 169
print 関数　29
break 文　99
プログラミング言語　3
ブロック　31, 212, 213
文　211
分割統治法　145
併合整列法　145
変数　17
　――値　17
　――定義　17
　――名　17
while 文　92

[ま行]

丸め誤差　170
メモ化　135, 195
目的変数　161
モジュール　75
　――化　75, 95, 111
文字列　59
モンテカルロ法　127

[や・ら行]

予約語　22
ライブラリ　8, 32, 216
例外　217

[著者略歴]
東京大学大学院総合文化研究科准教授、博士（情報理工学）
2004 年 東京大学工学部卒
2006 年 東京大学大学院情報理工学系研究科 修士課程修了
2008 年 日本学術振興会特別研究員
2009 年 東京大学大学院情報理工学系研究科 博士後期課程修了
2010 年 東北大学電気通信研究所助教
2014 年 東京大学大学院総合文化研究科講師
2017 年より現職
著　書：『情報　第 2 版』（共著、2017 年、東京大学出版会）

Python によるプログラミング入門　東京大学教養学部テキスト
アルゴリズムと情報科学の基礎を学ぶ

　　　　　2019 年 9 月 10 日　初　版
　　　　　2020 年 10 月 22 日　第 5 刷

著　者　森畑明昌

発行所　一般財団法人 東京大学出版会
　　　　代表者　吉見俊哉
　　　　153-0041 東京都目黒区駒場 4-5-29
　　　　電話 03-6407-1069／FAX 03-6407-1991
　　　　振替 00160-6-59964

印刷所　大日本法令印刷株式会社
製本所　誠製本株式会社

ⓒ2019 Akimasa MORIHATA
ISBN 978-4-13-062458-9　Printed in Japan

JCOPY〈出版者著作権管理機構 委託出版物〉
本書の無断複写は著作権法上での例外を除き禁じられています．複写される場合は，そのつど事前に，出版者著作権管理機構（電話 03-5244-5088,
FAX 03-5244-5089, e-mail: info@jcopy.or.jp）の許諾を得てください．

情報科学入門　Ruby を使って学ぶ	増原英彦 他	A5 判/2,500 円
MATLAB／Scilab で理解する数値計算	櫻井鉄也	A5 判/2,900 円
情報　第 2 版　東京大学教養学部テキスト	山口和紀 編	A5 判/1,900 円
コンピューティング科学　新版	川合　慧	A5 判/2,700 円
スパコンプログラミング入門 　並列処理と MPI の学習	片桐孝洋	A5 判/3,200 円
並列プログラミング入門 　サンプルプログラムで学ぶ 　OpenMP と OpenACC	片桐孝洋	A5 判/3,400 円
スパコンを知る 　その基礎から最新の動向まで	岩下武史・片桐孝洋・ 高橋大介	A5 判/2,900 円
ソフトウェア開発入門 　シミュレーションソフト設計理論から 　プロジェクト管理まで	佐藤文俊・加藤千幸 編	B5 判/3,800 円
ソフトウェア開発実践 　科学技術シミュレーションソフトの設計	佐藤文俊・加藤千幸 編	B5 判/5,000 円
ユビキタスでつくる情報社会基盤	坂村　健 編	A5 判/2,800 円

ここに表示された価格は本体価格です．御購入の際には消費税が加算されますので御了承下さい．